Elogios para

El asombroso amor de Dios en su gracia extraordinaria

Chapman y Fabry nunca nos desilusionan. Disfruta de esta novedosa mirada al don de la gracia y **te sentirás maravillado de nuevo ante el milagro redentor de ese favor inmerecido.**

JERRY B. JENKINS,
novelista, biógrafo y dueño de *Christian Writers Guild*

¿Quién iba a saber que el árbol genealógico de Jesús fuera tan alentador? Para casi todos nosotros, la lectura de la genealogía que aparece en Mateo 1 es algo que hacemos una vez al año con el fin de llegar a «la parte buena» del relato. Gary Chapman y Chris Fabry nos muestran cómo esa larga lista de nombres tienen un sitio en «la parte buena» de las Buenas Nuevas de Jesús. A todo el que sienta que no está a la altura de las circunstancias, le recomiendo que dedique un tiempo para leer *El asombroso amor de Dios en su gracia extraordinaria.* **En las ramas del árbol genealógico de Jesús hubo unos cuantos tramposos de verdad. Si hay lugar para ellos, también hay lugar para ti y para mí.** Lee este libro y después regocíjate en la «gracia extraordinaria» que trajo a Jesús del cielo a la tierra. **¡Léelo! ¡Estúdialo! ¡Regálalo!**

DR. RAY PRITCHARD,
autor de *Un ancla para el alma* y presidente de
Keep Believing Ministries

Reflexiona en este hecho:

Jesucristo fue la única persona en la historia que escogió
a su madre, su padre, sus abuelas y sus abuelos
desde el principio de los tiempos.
Entonces, ¿a quiénes escogió? ¿A las personas que
obedecían a Dios y mostraban gran fe? ¿Personas sin
pecados y perfectas que siempre hicieron
lo que era bueno?
¡Qué va! Esas personas no existían, desde luego.
Lo fascinante de sus historias es que pone de manifiesto
más de las flaquezas y las locuras de seres humanos
desesperados. También revelan el corazón de Dios.
El linaje de Jesús es una prueba del amor, la
misericordia y la paciencia del Dios Todopoderoso
hacia su pueblo. Hacia ti.
Todo el mundo oye hablar de la gracia. Sin embargo,
no todo el mundo la entiende. Ni todo el mundo la
recibe. Y mucho menos aprende a darla. ¿Y tú?
Abre las páginas de este libro para saber más de la
gracia extraordinaria.

GRAY CHAPMAN
Y CHRIS FABRY

EL ASOMBROSO AMOR DE DIOS...

EN SU **GRACIA** EXTRAORDINARIA

Publicado por Unilit
Miami, Fl. 33172

© 2014 Editorial Unilit (Spanish translation)
Primera edición 2014

Originalmente publicado en inglés por Northfield Publishing con el título:
Extraordinary Grace por Gary Chapman y Chris Fabry.
© 2013 por Gary Chapman y Chris Fabry.
Traducido con permiso.
Todos los derechos reservados.
(This book was first published in the United States by Northfield Publishing, 820 N. LaSalle Blvd., Chicago, Illinois, 60610 with the title **Extraordinary Grace***, copyright © 2013 by Gary Chapman and Chris Fabry. Translated by permission.)*

Traducción: *Dr. Andrés Carrodeguas*
Diseño de la cubierta: *Ximena Urra*
Fotografías de la cubierta e interior: © 2014 iravgustin. Usada con permiso de Shutterstock.com.

Producto 495839 • ISBN 0-7899-2112-X • ISBN 978-0-7899-2112-3

Impreso en Colombia
Printed in Colombia

Categoría: Vida cristiana /Crecimiento espiritual /General
Category: *Christian Living /Spiritual Growth /General*

A
C. Donald Cole y Naomi Cole,
llenos de gracia y verdad

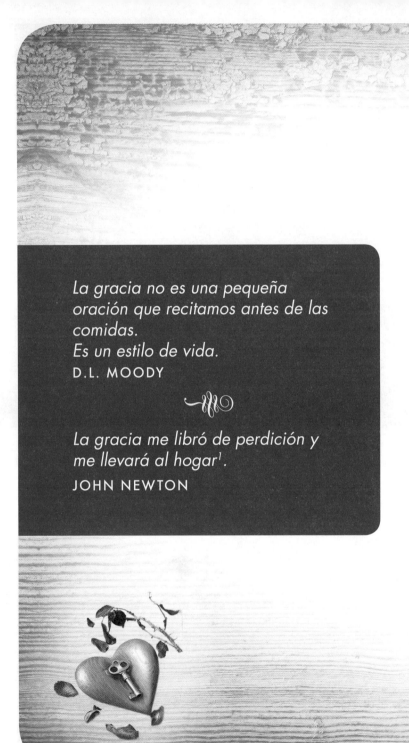

*La gracia no es una pequeña
oración que recitamos antes de las
comidas.
Es un estilo de vida.*
D.L. MOODY

*La gracia me libró de perdición y
me llevará al hogar[1].*
JOHN NEWTON

Contenido

Abraham fue el padre de Isaac.

Isaac fue el padre de Jacob.

Jacob fue el padre de Judá y de sus hermanos.

Judá fue el padre de Fares y de Zara (la madre fue
Tamar).

Fares fue el padre de Esrom.

Esrom fue el padre de Ram.

Ram fue el padre de Aminadab.

Aminadab fue el padre de Naasón.

Naasón fue el padre de Salmón.

Salmón fue el padre de Booz (su madre fue Rahab).

Booz fue el padre de Obed (su madre fue Rut).

Obed fue el padre de Isaí.

Isaí fue el padre del rey David.

David fue el padre de Salomón (su madre fue Betsabé,
la viuda de Urías).

Salomón fue el padre de Roboam.

Roboam fue el padre de Abías.

Abías fue el padre de Asá.

Asá fue el padre de Josafat.

Josafat fue el padre de Yoram.

Yoram fue el padre de Uzías.

Uzías fue el padre de Jotam.

Jotam fue el padre de Acaz.

Acaz fue el padre de Ezequías.

Ezequías fue el padre de Manasés.

Manasés fue el padre de Amós.

Amós fue el padre de Josías.

Josías fue el padre de Joaquín y de sus hermanos (quienes nacieron en el tiempo del destierro a Babilonia).

Luego del destierro a Babilonia:
Joaquín fue el padre de Salatiel.
Salatiel fue el padre de Zorobabel.
Zorobabel fue el padre de Abiud.
Abiud fue el padre de Eliaquim.
Eliaquim fue el padre de Azor.
Azor fue el padre de Sadoc.
Sadoc fue el padre de Aquim.
Aquim fue el padre de Eliud.
Eliud fue el padre de Eleazar.
Eleazar fue el padre de Matán.
Matán fue el padre de Jacob.
Jacob fue el padre de José, esposo de María.
María dio a luz a Jesús, quien es llamado el Mesías[2].

Nota de los Autores

Las historias que estás a punto de leer proceden directamente de la Biblia. Te animamos a que las leas en su fuente original. Nuestro enfoque para este libro es el de mirar el relato con nuevos ojos, imaginándonos las luchas que enfrentaron estas personas reales. Tuvieron fallos, debilidades, pecados y triunfos, lo mismo que nosotros. Así como los usó Dios, con todos sus defectos, quiera Él usarnos a nosotros hoy.

Introducción

Uno puede escoger muchas cosas en la vida, pero su linaje no es una de esas cosas. No podemos escoger a nuestros padres. Ni a nuestros antepasados. Tenemos que ajustarnos a lo que recibimos, ya sea bueno, malo o regular. Excepto Jesús.

Considera esta realidad: Jesús fue la única persona de la historia que escogió a su madre, su padre, sus abuelas y sus abuelos desde el principio de los tiempos.

Siendo así, ¿a quiénes escogió? ¿A personas que obedecían a Dios y mostraban una gran fe? ¿A personas perfectas y sin pecado que siempre hicieron lo que era bueno?

¡Qué va! Claro que no existía esa gente.

¿Qué sabes de tu árbol genealógico? Es posible que tengas fotografías en una pared o en descoloridos álbumes de fotos. Esos rostros surcados de arrugas representan historias en común y transmitidas a las siguientes generaciones. Tradiciones, mentiras y verdades mezcladas y combinadas. Ves los ojos, te reconoces un poco a ti mismo en sus sonrisas, pero casi nunca logras leer entrelíneas. La mayoría de las veces no conoces el corazón de tus antepasados.

La Biblia contiene esta clase de fuente histórica sobre el linaje de Jesús. Hombres y mujeres que desnudaron su alma en la lucha por conocer a Dios y seguirlo en tiempos difíciles. Lo fascinante que tienen estas historias es que no se limitan a revelar las flaquezas y locuras de unos seres humanos desesperados.

También registran lo que hay en el corazón de Dios. El linaje de Jesús es una prueba del amor, la misericordia y la paciencia del Todopoderoso con respecto a su pueblo. Con respecto a ti.

Este registro incluye unas buenas noticias para tu corazón: 1) Dios no está enojado contigo, 2) Dios quiere derramar en abundancia su amor y sus bendiciones sobre ti, y 3) Dios quiere que tú seas reflejo de esa gracia ante los demás.

Por supuesto, has escuchado antes esta definición popular de la gracia:

Gracia = Las riquezas de Dios que recibimos a expensas de Cristo.

Todo el mundo ha oído hablar de la gracia. Sin embargo, no todo el mundo la entiende. No todo el mundo la recibe. Y son todavía menos los que la dan. ¿*La das tú?*

¿La has recibido? ¿Estás viviendo bajo su luz? ¿Estás expresando la gracia de Dios ante los demás?

Este libro es peligroso porque es un concepto asombroso que perturba el corazón. Es una amenaza para la religión establecida que quiere mantener la gente a raya. Esta es una de las razones por las que los líderes religiosos se sintieron tan amenazados por Jesús.

Dios quiere que recibas su gracia, la poseas y la difundas. Es un proceso que te transformará desde dentro hacia fuera. Te crearon para recibir, experimentar y difundir esa clase de amor todos los días entre tu familia y tus amigos.

Hasta entre tus enemigos.

No se trata de un concepto intelectual para el cerebro, ni de un simple teorema espiritual y etéreo. La gracia no es una idea mística, imposible de captar. Es un práctico ejercicio de participación que te ayudará a vivir a plenitud, desde el corazón, antes que una obligación o expectativa.

¿Qué aspecto tendría tu vida si supieras en algún recóndito lugar de tu ser, si *supieras* de una manera absoluta que te han perdonado? ¿Aceptado? ¿Amado en gran medida? ¿Acogido? ¿Y si supieras que alguien te observa maravillado y lleno de asombro? ¿Y si alguien te viera como un ser humano perfecto? Lee esto de nuevo. *Perfecto*. Sin tacha, sin deformaciones, sin defectos. Sin motivaciones indebidas. Sin pecados. Perfecto. Ese «alguien» es Dios mismo. Y Él es quien proporciona la gracia que convierte la perfección en una realidad.

Casi todos los seguidores de Jesús no vivimos de esta manera. Sabemos que no somos perfectos. Debido a eso, lo compensamos apretando los puños y tratando de agradar a Dios. Por pura fuerza de voluntad, conseguiremos que Dios se agrade de nosotros. Esto nos dura más o menos una media hora en uno de nuestros días buenos.

Por lo tanto, vivimos derrotados. Somos perdedores en la vida porque no podemos ser lo bastante buenos. No podemos agradar a Dios, ni podremos hacerlo nunca, porque Él siempre nos mirará por encima del portal del cielo con los brazos cruzados y moviendo su cabeza.

El problema está en el abismo que existe entre lo que nos exige Dios y lo que nosotros somos capaces de hacer. Solo ha habido una persona en toda la historia que ha podido salvar ese abismo.

El mensaje de este libro es que hay un camino extraordinariamente mejor. Aquí está: el amor de Dios al desnudo. Colgado de una cruz. Pagando el castigo. Ofreciendo el perdón. Abriendo una nueva senda de libertad para que tú camines por ella. Una senda donde la misericordia te invita a dejar atrás tu culpa y tu vergüenza. Una senda por la que te guiará una mano posada en tu hombro.

Deja que te inunde esta verdad. Dios ha querido darte una *gracia* excepcional, abundante y extraordinaria. John Newton, el antiguo traficante de esclavos, no tenía razón alguna para reclamar el amor de Dios. Lo llamaba «admirable». Es algo que va más allá de los límites de lo impensable. Nosotros no merecemos que se nos trate de esa manera. En cambio, aquí está. La gracia de Dios.

Este es un estudio de la obra de Dios entre gente común y corriente. Nuestros viajes nos llevarán a recorrer un árbol genealógico inmensamente disfuncional. Estos relatos no son para los débiles de corazón. Delinearemos las vidas de siete personajes importantes dentro de la genealogía de Jesús. Siete personas que fallaron, cayeron o tomaron malas decisiones, pero que Dios las usó de una manera poderosa. Sus fracasos no fueron definitivos. Su pasado no los apartó del amor de Dios. Sus pecados no determinaron su destino.

Tampoco tienen por qué hacerlo los tuyos. Lo que importa no es lo que hayas hecho, dónde hayas estado, cuáles sean las cosas malas que te hayan hecho, o las cosas malas que tú hayas hecho, porque la gracia de Dios y su abundante amor están a tu disposición.

Cuando Dios envió a la Palabra hecha carne para que habitara en medio de nosotros, nos dio la representación perfecta de esta extraordinaria gracia. Es más, si observas el punto sobre el que gira toda la historia, verás al Creador del universo clavado a dos vigas de madera, colgando entre las incomparables necesidades de todos los corazones humanos y el imperecedero amor de Dios. Este Dios-hombre, en medio de su maldición, nos revela la extraordinaria gracia de Dios.

Padre, perdónalos, porque no saben lo que hacen.

Tal vez lleves años siguiendo a Jesús, pero sientes que vas sin rumbo por la vida. Es posible que sepas cosas acerca de Jesús, pero no tengas ni idea de lo que significa una «vida abundante». Quizá desconfíes de la existencia de Dios.

Estés donde estés, sea cual sea tu origen, estas historias te hablarán a gritos acerca del incomparable e increíble amor de Dios. Cualquiera que esté dispuesto a abandonar sus esfuerzos por agradar a Dios a través de su propia fuerza de voluntad puede recibir la justicia de Jesús. Y una vez que recibes esta gracia, puedes comenzar a vivir plenamente de su poder, y sacarás de esa fuente de perdón y se lo extenderás a otros.

Atrévete a confiar en lo que te dice Dios. Atrévete a creer. Y observa lo que Él hará en ti y por medio de ti mediante su extraordinaria gracia.

1

PRIMERA
PARTE

RECEPCIÓN
DE LA
GRACIA DE
DIOS

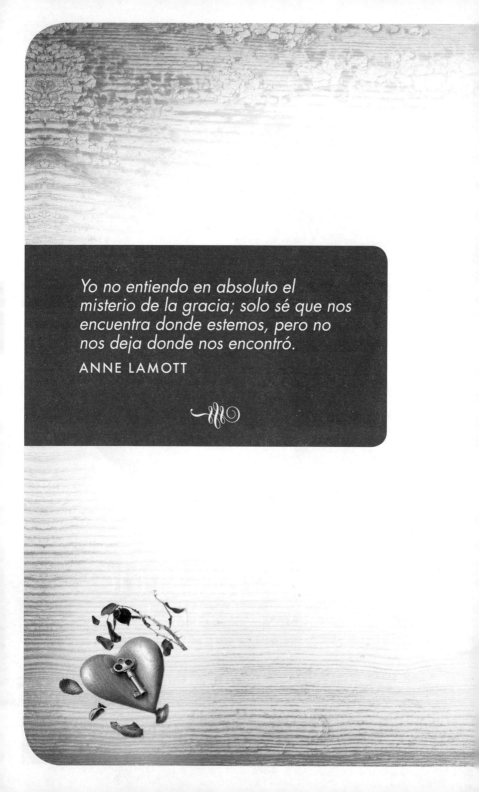

Yo no entiendo en absoluto el misterio de la gracia; solo sé que nos encuentra donde estemos, pero no nos deja donde nos encontró.

ANNE LAMOTT

1

Escucha el llamado
de la gracia

ABRAM

L a historia de Abram comienza antes de su nacimiento. Ya
Dios obraba en el mundo. Creó todo lo que podemos ver y lo
que no podemos ver. Creó al primer hombre y a la primera
mujer y los vio escoger la desobediencia. Preparó pieles de animales
para cubrirlos. La decisión de ellos trajo consecuencias. Se vieron
obligados a alejarse de la presencia de Dios.

Y cuando la humanidad se alejó demasiado de su plan, Dios
habló con Noé y le hizo construir un barco. El arca fue la salvación para Noé y su familia. Los que estaban fuera perecieron. Los
que estaban dentro sobrevivieron. Y a partir de ese remanente, las
personas y los animales poblaron la tierra. No obstante, la gente
siguió alejándose de Dios. Creía en sí misma, no en Él, y construyó
una torre para mostrar su fortaleza. Entonces, Dios confundió sus
lenguas y los dispersó.

Y fue a una de estas personas dispersas, en el momento justo, a
la que Dios le habló con claridad. Invadió el corazón de un hombre

llamado Abram con unas palabras fantásticas y unas promesas increíbles.

Abram tomó la decisión de creer.

Dios le dijo a Abram que lo bendeciría, que haría grande su nombre y que bendeciría al mundo entero por medio de sus descendientes. Lo que le tocaba a Abram era creer. Así, movido por esa fe, debía dejar atrás a sus parientes y a su tierra para dirigirse a un lugar que Dios le proveería. Y si creía, se marcharía y después poseería las promesas que le hizo Dios.

Abram lo empacó todo y dejó cuanto le era conocido porque Dios le hizo una promesa. Estos son los primeros pasos de Abram. Este es el llamado de la gracia[3].

Un viaje de cerca de dos mil kilómetros comienza con un solo paso. El viaje de la gracia comienza al escuchar su llamado. Y la gracia te está llamando. Tal vez te parezca distante, como el silbido de un tren que atraviesa un paisaje desértico, pero la gracia está llamando a cada corazón. Y la gracia de la que hablamos supera todos los impedimentos. Como escribiera John Newton, nos «llevará al hogar».

Tu responsabilidad consiste en poner atención a ese susurro. Tienes que estar *dispuesto a escuchar.*

Esto nos lleva a la persona de Abraham, conocido primero como Abram. Aquí tenemos un hombre listo para el llamado de la gracia.

En el Génesis hay quince capítulos que nos hablan del viaje de Abraham, el pacto que Dios hizo con él y la forma en que nos afectan a ti y a mí esas promesas hoy. Desde un lugar llamado Ur, Abraham se trasladó con su padre, Taré, y su familia extendida. Se habían labrado una vida bastante buena. Abram se había casado con una mujer llamada Sarai. Se sacó la lotería con su belleza, que era a la vez una bendición y una maldición. La belleza de Sarai haría que él tomara algunas malas decisiones. En realidad, no fue su belleza, sino el temor de Abram. Sin embargo, nos estamos adelantando demasiado.

Después que murió Taré, Abram recibió un mensaje de Dios. Haz un alto y considera eso. Comunicación directa del Todopoderoso. ¿Alguna vez has anhelado una cosa así? ¿Alguna vez has dicho: «Si Dios me dijera lo que debo hacer, lo haría con mucho gusto»?

¿De veras?

Si Dios te hablara ahora mismo abriendo las nubes y haciendo resonar su voz, ¿lo escucharías? ¿Lo obedecerías de inmediato? ¿O lo cuestionarías? ¿Dudarías que en verdad fue Dios, preguntándote si tal vez estuvieras soñando o si se debiera a la salsa picante que comiste en la cena de ayer?

«¿Me podrías decir eso una vez más, por favor? Y permíteme que vaya a buscar mi grabadora».

He aquí la verdad. No necesitas una voz de bajo desde las nubes. Dios ha hablado; no de la forma en que lo preferirías, pero ha hablado por medio de su Palabra hecha carne, por medio de las Escrituras y por medio de la vida de los creyentes de todos los siglos. La cuestión no está en saber si es Dios el que ha hablado. Sí lo ha hecho. La cuestión es esta: ¿Estás dispuesto a escucharlo? ¿Lo quieres *escuchar*?

Abram estuvo dispuesto. Esto es lo que dijo Dios:

Deja tu patria y a tus parientes y a la familia de tu padre,
y vete a la tierra que yo te mostraré[4].

Más directo no puede ser. Deja todo lo que conoces hasta ahora, toda la gente que conoce tu idioma, tus costumbres, tus parientes que te suplican que los dejes ayudar a criar a tus hijos. Recógelo todo, empaca y vete. Pon por completo tu futuro, tu familia, tu fortuna y tu vida, tal como la conoces hasta ahora, en mis manos.

Ah, y dicho sea de paso, no te voy a decir a dónde vas a ir. No vas a conocer tu punto específico de destino. Tal vez sea un lugar hermoso; puede que sea un desierto. Tienes una tarea. Confía en mí. No vas a tener una tarjeta postal de tu destino final. Aun así, dondequiera que te envíe, dondequiera que vayas, me tendrás a mí. Y este proceso de dejarlo todo atrás te va a comenzar a cambiar por dentro. Te vas a ver obligado a fijar con firmeza tus afectos en mí, no en un objeto, ni en un destino, ni en un sentimiento, ni siquiera en el conocimiento de mi voluntad. No se trata de que te encuentres un anillo capaz de descifrar las cosas, ni de que leas entrelíneas lo que estoy diciendo, ni que cuentes cada quinta letra en busca del mensaje secreto. No quiero que confíes en tu propia santidad, en ningún ídolo que puedas fabricar con tus manos, ni en algo que puedas conjurar en tu mente. Debes desearme a mí y a nadie más. Punto. Esto es fe. Y los que pongan su fe en mí recibirán una gracia extraordinaria.

En este momento del relato no se nos habla de ninguna reacción que tuviera Abram ante la voz de Dios. Podemos suponer que estaba un poco sorprendido por haber recibido una comunicación de ese tipo, pues en todas las Escrituras encontramos una buena cantidad de gente con temor y temblor, y cayendo postrada al suelo cuando los ángeles, o Dios mismo, les hablan. Es un poco desconcertante.

En cambio, este no fue el final del comunicado celestial. Dios continuó con la segunda mitad de su mensaje. Aquí es donde las cosas se ponen buenas de verdad.

Haré de ti una gran nación; te bendeciré y te haré famoso, y serás una bendición para otros. Bendeciré a quienes te bendigan y maldeciré a quienes te traten con desprecio. Todas las familias de la tierra serán bendecidas por medio de ti[5].

¡Vaya sorpresa! Procesemos un poco este mensaje. Necesitas mudarte. Ahora. Y yo te voy a llevar a una tierra que escogí. Y en medio de todo esto, haré cosas extraordinarias en ti y por medio de ti. Serás bendecido y bendecirás a otros. (Lo cual significa que tu vida y las vidas de los que vengan después de ti serán distintas en extremo a causa de tu obediencia). Y los que se te atraviesen en el camino, se atravesarán en el mío. En otras palabras, yo estoy contigo, Abram. Tú y yo formamos un equipo. Y yo, Yahvé, el Señor, soy el que hago esto. Tú obedéceme. Sígueme. Esa es tu parte en este plan.

Respira hondo.

Muy bien, ¿captaste todo esto? Dios está a favor de Abram. A decir verdad, estoy un poco celoso. (Sigo pensando en lo estupendo que sería escuchar directamente a Dios). Yo entiendo que Dios está dirigiendo a Abram, diciéndole qué hacer y dónde ir, y que el final de este relato será una gran bendición para Abram y para los que vengan después de él. Todavía hablamos de él hoy, miles de años más tarde, así que está claro que Dios tenía razón. Este hombre fue bendecido de una manera sorprendente y abundante.

Sin embargo, espera. Piensa en la pregunta tras la historia, acechando bajo la superficie de las promesas y las bendiciones.

¿Por qué? ¿Por qué Abram? ¿Por qué Dios le concedió el privilegio de escuchar estas indicaciones? ¿Por qué decidió bendecir a Abram y a todos sus descendientes? ¿Por qué Dios pensó siquiera en este hombre? *¿Qué es el hombre, para que en él pienses?* Un descendiente de Abram escribiría más tarde eso en el Salmo 8 (NVI®).

La respuesta no es que Abram fuera el hombre especial que Dios sabía que lo seguiría a la perfección, pues no fue así. Abram cometió errores. Un buen número de ellos. Era débil, falible, y no muy buen ejemplo para los jovencitos de la Escuela Dominical a los que les quieres enseñar a ser siempre honrados.

Es más, todos los antepasados de Jesús estaban cortados por la misma tijera. Cometieron miles de errores en su vida. ¿Escogió Dios a Abram porque era rico y necesitaba mucho ganado? No, puesto que Él es el dueño de todo el ganado. Dios no necesitaba la riqueza ni la hermosa esposa de Abram. La única capacidad que Dios necesitaba de Abram es la misma que desea en ti: su disposición. Y si tú no te pones a su disposición, Él usará piedras o asnos.

¿Por qué Dios escogió a Abram? La respuesta a esto solo se puede encontrar en la misteriosa gracia de Dios. Derramó su favor no merecido, no ganado e ilimitado sobre este hombre. Una gracia extraordinaria.

Para mérito suyo, debemos reconocer que Abram obedeció, hizo las maletas y a los setenta y cinco años de edad comenzó un viaje que se inició con lo que escuchó de Dios. Escuchó y siguió adelante. Su fe influyó en sus acciones y Él lo consideró justo debido a su fe.

Entonces, ¿crees que Abram luchó? Mientras cargaban sus posesiones (¡imagínate el mercadillo casero!) y se despedían de los que dejaban detrás, ¿crees que no hubo preguntas? ¿Crees que no hubo conversaciones nocturnas con Sarai en su carpa? «Cuéntamelo de nuevo y dime lo que te dijo Él. ¿Estás seguro de esto, Abram?»

A lo mejor, Sarai escuchara el mensaje desde la distancia. Tal vez tuviera una confianza tan grande en Abram que se limitó a darse vuelta y comenzar a empacar sin hacerle una sola pregunta.

Cuando escuchas el llamado de la gracia, tienes que decidir. ¿Seguirle o quedarnos? (Y la indecisión es ya de por sí una decisión). No obstante, toda lucha como esta conduce a las preguntas. Más preguntas de las que tenías antes que hablara Dios. Él te complicará la vida cuando te susurre su gracia, y esto parece ilógico. El hecho de escuchar a Dios debería facilitar las cosas. Ahora sabes lo que tienes que hacer. En el caso de Abram, sabía en concreto cómo responder. Sin embargo, la voz de Dios pondrá un llamado tan radical en tu vida que te obligará a luchar contigo mismo, con la gente que amas y con tus posesiones. Los seguidores de Jesús tuvieron la misma experiencia. Él ocasionó que tuvieran muchas más preguntas porque se daban cuenta que el llamado en su vida no era superficial, sino subterráneo. Jesús no quería que aceptaran toda una lista de normas y reglas, como los líderes religiosos de su tiempo. No quería que tuvieran devociones diarias, ni que se presentaran cada fin de semana en un culto. No quería hacer mejores a sus seguidores. Los quería transformar mediante el proceso de la gracia; el mismo proceso que aprendió Abram a través de escuchar la voz de Dios.

Seguir el llamado de la gracia se convertirá en el semillero de la fe. Y estas preguntas son buenas, pues la persona con interrogantes debe aprender a no confiar en sí misma, sino en el poder y la dirección de Dios.

«Confía en el Señor con todo tu corazón, no dependas de tu propio entendimiento. Busca su voluntad en todo lo que hagas, y él te mostrará cuál camino tomar»[6].

Abram vivió ese proverbio. Personificó esas palabras. Y otro de sus descendientes las escribiría. Otro hombre en el linaje de Jesús. Otro ser humano imperfecto que Dios usó con gentileza.

La gracia te arrancará de raíz. La gracia relocalizará tu corazón. La gracia te mudará tan lejos hacia Dios que, al final, no te importará cuánto cueste alquilar una furgoneta de mudanzas. Es más, hasta es posible que desees dejar atrás algunas de esas cosas debido a que te supondrán demasiado peso. La gracia te libera y crea una visión para tu vida que nunca habrías podido prever. La gracia te cambia; es una santa transfusión que te da la capacidad y el poder necesarios para transferirles la misma gracia a otros, puesto que solo puedes dar lo que posees.

Abram escuchó. Abram respondió. Creyó. No a la perfección. No sin tratar de tomar el control de las situaciones, de lo cual hablaremos a continuación.

¿Estás listo para esta clase de gracia? ¿Te gustaría la transformación en lugar de una limitada remodelación? Escucha el susurro de la gracia en tu vida. Dios te está llamando a un viaje del corazón que se extenderá a miles de kilómetros.

2

La risa debido
a la gracia

ABRAHAM

Abram escuchó el llamado de la gracia y creyó. Entonces actuó. Tomó a su esposa, su familia y sus posesiones, y partió rumbo a Canaán. La pregunta continua de su corazón era: «¿Ya llegamos?».

Dios le confirmó su promesa junto a un roble de Mamre. Su «descendencia» heredaría esta tierra.

No obstante (y siempre hay un no obstante con Abram), hubo hambre en la tierra y Abram viajó hasta Egipto. La belleza de su esposa y el temor en su corazón lo abrumaron. Así que les dijo a los egipcios la media verdad de que su esposa era hermana suya. A Sarai la llevaron al palacio del faraón y Dios hirió con plagas esa casa.

El faraón se le enfrentó a Abram y le preguntó por qué no le dijo toda la verdad. Abram aprendió la lección: No mientas acerca de tu esposa. No trates de controlar la situación porque tengas miedo. Dios cuidará de ti.

Entonces, volvieron al camino. Aumentaron sus riquezas y sus posesiones. Sin embargo, no había heredero, ni hijo de la promesa.

Años más tarde, como si Dios no lo supiera, Abram le informó al Todopoderoso que no había cumplido lo que le prometió. Dios le habló de nuevo a Abram y le dijo que tendría un hijo. Es más, le sería imposible contar el número de seres humanos que formarían su descendencia.

Abram le creyó a Dios.

Después, escuchó la voz de su esposa. Volvió a sentir miedo. Sarai le sugirió que su sierva Agar fuera la sustituta de la promesa de Dios. Y Abram durmió con Agar y concibieron a Ismael.

Como con las margaritas del campo, Abram creía, no creía. Creía, después tomaba el control.

Mucho más tarde, Abram, a quien Dios mismo le cambió el nombre por el de Abraham (padre de multitud), tuvo otra oportunidad de confiar en Dios. Se mudó a una región donde gobernaba Abimelec y de nuevo dijo que su esposa era su hermana. Dios alertó al rey y Abimelec se enfureció con Abraham.

Se estableció el patrón. A Abraham lo movía su fe y su confianza en Dios, luego se debilitaba y caía. Sin embargo, la gracia de Dios trajo el hijo prometido, a pesar de los fallos de Abraham. Esta es la gracia de Dios en acción[7].

Tienes setenta y cinco años y estás comenzando de nuevo. Tienes setenta y cinco años y estás construyendo tu propio medio de transporte, como Noé construyó su arca. Tienes setenta y cinco años, no tienes ningún hijo, pero Dios te dijo que llegarás a ser una gran nación.

Abram, tendrás muchos descendientes. Y uno de esos descendientes, dentro de mucho tiempo, será el Mesías prometido, el cumplimiento del plan que Dios puso en marcha antes del comienzo de la creación.

¡Qué promesa! ¡Qué futuro!

Sin embargo, hay un problema. ¡Tienes setenta y cinco años, por el amor de Dios! Y no tienes un solo hijo. Y tu esposa es... bueno, es hermosa, pero estéril. No ves hijos por ningún lado y te haces preguntas. ¿Cómo podrá ser esto? ¿Cómo van a suceder las cosas?

No tenemos registrado en ninguna parte que Abram dijera: «Sí, pero...». Se nos dice que Abram empacó, lo recogió todo y se marchó. Creyó y actuó de acuerdo a lo que había creído. Demostró tener fe, una obra de la gracia que comenzó con el mensaje de Dios. *Creyó* lo que le decía Dios.

Escuchar es el primer paso de la fe. Creer es el segundo paso. Actuando en esa creencia, marcharse, es el tercero.

Cuando llegó con su familia al gran roble de Mamre en Siquem, Dios le habló de nuevo. ¿Quieres saber a qué distancia estaba? A más de seiscientos cuarenta kilómetros. Y no tenía ningún GPS [Sistema de Posicionamiento Global], ni una sola aplicación especial para su teléfono. Ese viaje es un poco más largo que ir desde Chicago hasta Lexington, Kentucky. O desde Atlanta hasta Jackson, Misisipi. Y no había siquiera un McDonald's a la vista. Y tampoco había autopistas interestatales o internacionales.

Ese es un camino muy largo para recorrerlo a pie. Es un gran compromiso. Una inmensa cantidad de pasos de fe. Aun así, recuerda: Abram no sabía lo lejos que iría, ni el tiempo que le tomaría. Todo lo que tenía era la palabra de Dios, sus promesas.

Entonces, fue a parar a un gran árbol cerca de Mamre. Dios creó un huerto con un árbol y creó al primer hombre y la primera mujer. Ahora se encuentra con Abram junto a un árbol, señal y símbolo del crecimiento, la belleza y la vida. En esta fértil tierra ya vive mucha gente, pero Dios se le aparece a Abram y le dice: «Daré esta tierra a tu descendencia»[8].

Esto debe de haber hecho que Abram al menos ladeara la cabeza con asombro. Es probable que viera a los cananeos en la tierra, a los niños de Canaán vagando por las laderas, y se preguntara cómo esto se haría realidad, ya que tenía setenta y cinco años y su esposa era estéril.

¿Será que Dios me está hablando en metáforas? Tal vez lo que Dios me quiere decir sea: «A la descendencia de otros...».

No, la promesa era clara. Abram tendría descendencia. Hijos. Dios no solo le promete algo a Abram. Le prometía algo a una gente que ni siquiera existía aún. Gracia para los que no han nacido todavía. Gracia para el árbol genealógico de Abram.

Por extensión, gracia para ti y para mí.

Abram construyó allí un altar para Dios, se movió de nuevo, construyó otro altar y siguió en la dirección en la que lo guiaba Dios, hacia el Neguev.

Y aquí se oscurece el relato. Debido a una hambruna, Abram se dirige a Egipto y, justo mientras cruzan la frontera, como un viajero indocumentado, surge el temor de Abram.

«Yo sé que eres una mujer muy hermosa», le dice a Sarai.

Esposos, esta no es una mala forma de comenzar una conversación con la esposa. Buena cosa es hablarle de su belleza. Lo llamo «palabras de afirmación». Sin embargo, los resultados que les siguieron a las acciones de Abram fueron devastadores.

«Estoy seguro que en cuanto te vean los egipcios», siguió Abram, «dirán: "Es su esposa"; entonces a mí me matarán, pero a ti te dejarán con vida. Por favor, di que eres mi hermana, para que gracias a ti me vaya bien y me dejen con vida»[9].

Abram tenía razón en cuanto a la belleza de Sarai y la reacción de los egipcios, puesto que cuando los oficiales del faraón la vieron, se lo contaron a su líder y se llevaron a Sarai al palacio. Debe haber sido muy hermosa. A Abram le fue bien con este acuerdo, adquiriendo ovejas, vacas y esclavos. En cambio, poco después, las cosas comenzaron a ir mal en la casa del faraón debido a que Dios les envió enfermedades a los egipcios. El faraón no era ningún tonto, así que reunió todas las piezas, comprendió lo sucedido y enfrentó a Abram en cuanto a su mentira, de manera que el hombre no tuvo excusa alguna.

Al parecer, el largo viaje no presionó el botón del temor de Abram. Sin embargo, lo hizo la perspectiva de los egipcios. El temor lo llevó a actuar según su propia capacidad para razonar y confabularse. Y esto les costó caro a él y a los que le rodeaban. Piensa en lo que debe haber causado en su relación con Sarai. Ella pudo ver su evidente debilidad. Sin duda, Lot, el sobrino de Abram, también observó sus acciones.

El problema no estaba en el temor de Abram. Ese temor era una respuesta natural ante la situación. El problema era que, en lugar de confiar en Dios, Abram confió en sí mismo.

Adelantémonos en la vida de Abram. Dios se le aparece en una visión. ¿Lo reprende por mentir respecto a su esposa? Observa las palabras de Dios: «No temas, Abram. Yo soy tu escudo, y muy grande será tu recompensa»[10].

La gracia de Dios nos habla de acuerdo con nuestra necesidad más profunda. La gracia de Dios verá dónde se encuentra tu debilidad e irá allí mismo a tu encuentro. En cuanto a Abram, su temor lo abrumaba. Su temor lo dominaba. Por eso tiene sentido que su reacción fuera tratar de controlar la situación y de hallarle una salida.

¿Te has visto alguna vez en esa situación? ¿Alguna vez has dejado que las circunstancias vencieran a tu confianza en Dios? Observa la respuesta de Abram. Esta es la primera vez que se recogen sus palabras en una de sus conversaciones con Dios.

«SEÑOR y Dios, ¿para qué vas a darme algo, si aún sigo sin tener hijos, y el heredero de mis bienes será Eliezer de Damasco? Como no me has dado ningún hijo, mi herencia la recibirá uno de mis criados»[11].

Hay que elogiar a Abram por su sinceridad... y preocupación. Está operando por vista, no por fe. Está tratando de resolver las cosas: *Señor, tú dijiste algo en el pasado acerca de una descendencia, pero me parece que te debes haber olvidado de que necesito un hijo.* Abram permite ahora que su temor lo haga pasar de tratar de manejar la situación, a tratar de manejar los asuntos de Dios.

Repito, ¿te has visto alguna vez en esa situación? ¿Alguna vez has intentado manipular las circunstancias? ¿Alguna vez has tratado de ayudar a Dios para que se ajuste a tu calendario? Si es así, estás estropeando la obra que Él quiere realizar: una obra de gracia.

Desde su punto de vista, Abram solo le recordaba a Dios su promesa acerca del bebé, la descendencia. Estaba ayudando a Dios a mantener el rumbo.

Después el SEÑOR le dijo:
—No, tu siervo no será tu heredero, porque tendrás un hijo propio, quien será tu heredero.
Entonces el SEÑOR llevó a Abram afuera y le dijo:
—Mira al cielo y, si puedes, cuenta las estrellas. ¡Ese es el número de descendientes que tendrás![12]

¿No te encanta la forma en que Dios le responde a este hombre lleno de dudas? Habría podido usar alguna otra imagen verbal, como el ganado, los niños de los cananeos, pero en su lugar le señala a Abram las estrellas que creó Él, demasiadas para poderlas contar, y otras estrellas más allá de esas estrellas que Abram no podía ver.

Dios, en su infinita misericordia, lleva aparte a Abram y le dice las cosas tan claro como puede, sin darle una lección de biología. Tú, Abram, tendrás un hijo. Esto no era una reprimenda, sino un acto de bondad. Era una respuesta llena de misericordia y de gracia.

Sé que tienes miedo. Sé que no entiendes. Te lo diré de nuevo. Escucha con atención. Tendrás un hijo, y ese hijo tendrá hijos, y ellos a su vez también tendrán hijos; y no vas a creer el poder exponencial presente aquí.

La asombrosa gracia de Dios en acción.

He aquí el fascinante aspecto de la historia que afirma la fe. Está escrito que Abram «creyó al Señor, y eso le fue contado por justicia»[13].

La gracia está lista para abrirse paso entre tus temores. La gracia está lista para abrirse paso entre tus dudas. Si escuchas la voz de Dios y oyes su llamado, creerás, y esa fe se te contará por justicia. Algo que Dios está haciendo en ti, se abonará a tu cuenta.

No te lo pierdas. Este es el mismo mensaje de gracia que Jesús nos trae a nosotros. La gracia concedida a Abram es la misma gracia que se nos da a nosotros en la persona de Cristo.

No hay garantía alguna de que no te vayas a echar atrás, ni de que tus temores no regresen, debido a que eso es lo que sucedió con exactitud. Esta vez, Sarai se le acerca a Abram y piensa que lo tiene todo resuelto. Si Abram duerme con su esclava, Agar, tal vez esto les dé un hijo.

Entrelíneas, podemos ver que surge el temor de Sarai. Tal vez se sintiera incapaz para la tarea. Tal vez sintiera que por su culpa no había heredero. Ella era la que retrasaba la promesa de Dios.

Esta era la oportunidad perfecta para que liderara Abram. Le podría haber dicho: «Sarai, ya cometí ese error antes, cediendo a mi temor, pero eso no lo voy a hacer. Seguiré creyendo que Dios es capaz de darnos un hijo producto de nuestra unión».

Abram, en cambio, no le dice esto. En lugar de usar la oportunidad para mantenerse firme y seguir el plan de Dios y lo que Él le dijo (dos veces), duerme con Agar. Tiene ochenta y cinco años, y no ha tenido hijo alguno hasta que se convierte en el padre de Ismael. Esto pone en marcha consecuencias interminables.

Catorce años más tarde, cuando Abram ya tiene noventa y nueve años, Dios reafirma lo que le dijo y refuerza su mensaje con un cambio de nombre. Desde ahora se llamará Abraham, el padre de muchas naciones. También le da un nuevo nombre a su esposa, Sara, y el nombre de su hijo, que no ha nacido aún, Isaac.

La gracia de Dios. La gracia extraordinaria y poderosa de Dios que saca vida de la muerte. Que saca hijos de vientres marchitos y pasados los años en que se tienen los hijos. Y da fuerzas para criar a un hijo.

A la larga, Abraham se mudó al territorio de Abimelec y, aunque era temeroso, esta vez no cedió, sino que se defendió con valentía y... ah. Lo siento. De nuevo, Abraham mintió acerca de Sara y se repitió el ciclo. Un nuevo nombre y un viejo temor. Y el temor le abrió paso al pecado, y el pecado tiene consecuencias para todos.

Génesis 21 revela el cumplimiento de la promesa de Dios.

El Señor cumplió su palabra e hizo con Sara exactamente lo que había prometido. Ella quedó embarazada y dio a luz un hijo a Abraham en su vejez. Esto ocurrió justo en el tiempo que Dios dijo que pasaría. Y Abraham le puso por nombre a su hijo, Isaac. Ocho días después del nacimiento, Abraham circuncidó a Isaac, tal como Dios había ordenado. Abraham tenía cien años de edad cuando nació Isaac.

Sara declaró: «Dios me hizo reír. Todos los que se enteren de lo que sucedió se reirán conmigo. ¿Quién le hubiera dicho a Abraham que Sara amamantaría a un bebé? Sin embargo, ¡le he dado a Abraham un hijo en su vejez!»[14].

El temor lleva al pecado. La gracia lleva a la bendición. El temor causa dolores y sufrimientos. La gracia produce risa. Imagínate el cuadro de esa anciana con un recién nacido, la mirada en su rostro, la mirada en el rostro de Abraham. La cara de la gente atónita que no podía creer lo que estaba viendo. Todo a causa de la gracia. Todo a causa de la promesa de Dios. La gracia recibida te cambiará. Transforma tu aspecto exterior. Vence tu temor, sin importar cuánto tiempo tardes para aprender la lección. La gracia de Dios te trae bendición a ti y a los que te rodean. La gracia de Dios trae consigo risa y gozo, y vida de la muerte.

El Prometido, el que vino al mundo a través del linaje de Abraham, a través del rey David; Jesús, la Palabra hecha carne, vino a nosotros «lleno de gracia y de verdad»[15]. En el Evangelio de Mateo, escrito para los lectores judíos, el escritor se aseguró de que todo el mundo comprendiera el árbol genealógico particular de Jesús. El linaje del Mesías debía proceder del rey David. Sin embargo, Mateo les habla a sus lectores de la conexión que se extiende hasta la promesa de bendición que Dios le dio a Abraham.

En una dramática escena con los líderes religiosos que aparece en Juan 8, Jesús se enfrenta a estos maestros que se oponen a su mensaje. No comprenden la obra de Dios, la persona de Dios, ni la gracia de Dios.

Jesús dice: «Si ustedes permanecen en mi palabra, serán verdaderamente mis discípulos; y conocerán la verdad, y la verdad los hará libres»[16].

«Somos descendientes de Abraham», le respondieron, «y nunca hemos sido esclavos de nadie. ¿Cómo dices tú: "Seréis libres"?»[17].

Jesús les ofrecía un camino diferente, una comprensión diferente de Dios. Sus vidas estaban llenas de pecado, pero no lo podían ver. Temían las enseñanzas de Jesús ya que atacaban su fe en «soy de Dios si sigo las reglas». Tenían una justicia que se fabricaron, pero que no agradaba a Dios.

Jesús les respondió: «Ciertamente les aseguro que todo el que peca es esclavo del pecado [...] Ahora bien, el esclavo no se queda para siempre en la familia; pero el hijo sí se queda en ella para siempre. Así que si el Hijo los libera, serán ustedes verdaderamente libres. Yo sé que ustedes son descendientes de Abraham. Sin embargo, procuran matarme porque no está en sus planes aceptar mi palabra. Yo hablo de lo que he visto en presencia del Padre; así también ustedes, hagan lo que del Padre han escuchado»[18].

En este punto, la conversación desciende en picado porque Jesús les dice que el padre de ellos no es Abraham ni Dios, sino el diablo. Podemos captar el orgullo herido de estos líderes. Es algo ofensivo; incluso blasfemo. Jesús no solo los acusa de ser pecadores; les dice que están echando a perder la obra de Dios, rechazando su verdad y su gracia. Ellos no se dan cuenta de que el hombre con el que hablan era quien creó a Abraham y al universo.

Jesús los pone en su sitio y les dice finalmente:

—Abraham, el padre de ustedes, se alegró mientras esperaba con ansias mi venida; la vio y se llenó de alegría. Entonces la gente le dijo:

—Ni siquiera tienes cincuenta años. ¿Cómo puedes decir que has visto a Abraham?

Jesús contestó:

—Les digo la verdad, ¡aun antes de que Abraham naciera, Yo Soy!

En ese momento, tomaron piedras para arrojárselas, pero Jesús desapareció de la vista de ellos y salió del templo[19].

Dios le prometió a Abraham un heredero, Isaac, pero también le prometió otro que se enfrentaría a nuestro pecado. Sin el sacrificio de Jesús, no tendríamos esperanza alguna. En cambio, debido a la gracia de Dios, somos libres y ya no estamos encadenados al pecado.

La gracia de Dios llamó a Abram, sostuvo a Abraham y le dio lo que le prometió. Tienes noventa y nueve años y tienes en brazos a tu hijo. La gracia cubierta de piel. Una gracia asombrosa y extraordinaria.

3

El camino de la deshonra o las lecciones de una prostituta

RAHAB

Rahab era amorrea, y su vida no tenía nada de hermosa. Era prostituta. Esto no se nos oculta. Se entregaba a los hombres que le pagaban. Su hogar estaba construido en las murallas de la ciudad de Jericó y era un lugar popular entre los hombres.

Dos hombres procedentes del campamento israelita visitaron su hogar. Josué, su caudillo, los envió para espiar en Jericó y volver con información. El rey de la ciudad se enteró de los indeseados visitantes y le envió a Rahab un mensaje para que delatara a los espías. En lugar de obedecer, Rahab escondió a los dos hombres y les mintió a las autoridades, enviándolos en persecución de unos hombres que no habían huido.

Rahab subió a la azotea donde estaban escondidos los dos hombres y tuvo una conversación. Les reveló lo que sabía acerca de los israelitas, lo que sabía acerca de Dios, cómo Él obró en su favor, y del gran temor que había en la tierra a causa de ellos. «El Señor su Dios es el Dios supremo arriba, en los cielos, y abajo, en la tierra»[20].

Rahab hizo un trato con los espías para salvar su propia vida, así como la vida de su padre, su madre y su familia extendida. Les pidió que les perdonaran la vida, y los espías aceptaron tratarla con bondad y fidelidad a ella y a su familia. Ella tenía que colgar una cuerda de color escarlata de su ventana y, cuando comenzara el sitio, reunir a toda su familia dentro de la casa.

Ella ayudó a los espías a escapar y estos le rindieron su informe a Josué. El líder de Israel supo que Dios les confirmaba que la tierra era suya. Cuando los israelitas cruzaron el Jordán con el Arca del Pacto, Jericó cerró sus puertas. Durante seis días, los israelitas rodearon la ciudad. Entonces, en el séptimo día, las murallas de Jericó cayeron de forma milagrosa, y Rahab con su familia fueron los únicos en salvarse de la destrucción.

A esta prostituta, esta extranjera pecadora, se menciona en el linaje del Mesías[21].

Tiene treinta y tantos años, quizá cuarenta y tantos. Ama a su familia. Aun así, le falta algo. Algo se agita en lo más profundo de su ser. En su alma hay un vacío que nadie puede llenar. Ni siquiera Dios.

O al menos eso es lo que cree.

Llega a mi oficina de consejero con una triste sonrisa, traicionando así la idea de que se encuentra fuera de lugar. No debía estar aquí. ¿Para qué revolver cosas que ya se han asentado? La gente no acude a mi oficina para conversar. Viene porque se siente desesperada. Se le han acabado las respuestas. Ya no tiene esperanza alguna.

La llamaré Julia. Su problema es su pasado. Está volviendo a hacer ebullición de nuevo y no lo puede contener. No puede reconciliar lo que sabe que es cierto con respecto a ella y lo que sabe acerca de Dios. Se siente sucia y avergonzada.

Julia y Rahab tienen mucho en común. Rahab tenía un pasado. No era una historia agradable. Cuando la conocemos por el libro de Josué, tiene un desagradable presente. Tiene pocas esperanzas para el futuro. Es candidata de primera para el juicio de Dios. No pertenece al grupo de los «escogidos» ni de los «bendecidos». Es amorrea. Y es prostituta. Dos *strikes* en su contra, y una bola rápida y adentro llamada «los israelitas» que estaban revolviendo la Tierra Prometida. Vive en una ciudad que está a punto de ser reducida a ruinas, y todo el mundo teme lo peor.

¿Recuerdas los cananeos de los tiempos de Abraham? Eran pueblos que vivían en esas tierras y, sin duda, la habían llenado con una abundancia de hijos. Y también estaba Abraham, el hombre sin hijos. No obstante, Dios le prometió a Abraham que les daría esta tierra a él y a sus herederos. Y ahora la familia regresa con una venganza. La promesa era cierta. Y aunque parezca que se acerca el juicio, la gracia está llegando a Jericó.

Si hubieras puesto en línea a todos los habitantes de Jericó, ni un solo israelita habría dicho: «De acuerdo, de acuerdo, envíenme aquí a Rahab». Ella no se hallaba entre las personas deseables a las que les habrían salvado la vida.

Y Jericó era una ciudad llena de miedo. (¿Recuerdas lo que sus temores llevaron a Abraham a hacer?) Los habitantes de Jericó se enteraron de la llegada de esta horda y de cómo cruzaron el río Jordán por tierra seca. Dios estaba haciendo milagros, uno tras otro, dirigiéndolos, guiándolos, preparando el camino. Y Jericó estaba aterrada. Los corazones estaban «desfallecidos» de temor.

Rahab sabía cosas *acerca* de Dios, pero no lo *conocía* a Él. No comprendía que Dios es un Dios de gracia. Aun entonces, aun en la época de ir arrasando todo lo que encontraban a su paso, la gracia de Dios era evidente. Ella llegó a un trato con los espías y les dijo que el Dios de ellos era el Dios supremo.

«Ahora júrenme por el Señor que serán bondadosos conmigo y con mi familia, ya que les di mi ayuda. Denme una garantía de que, cuando Jericó sea conquistada, salvarán mi vida y también la de mi padre y mi madre, mis hermanos y hermanas y sus familias»[22].

Los dos espías que enviaron a la ciudad hicieron un trato con Rahab por su seguridad y la de su familia. Sin embargo, ella no tenía idea alguna de que estaba a punto de recibir mucho más que la seguridad. Más que solo su vida. La gracia de Dios tenía un plan. La gracia de Dios tenía un futuro y una esperanza para ella.

En la actualidad, hay personas que se tienen que enfrentar a estos mismos temores y malentendidos. A algunas las han herido gente de las iglesias. Algunas se han herido a sí mismas. Creen que todo lo que Dios quiere es castigar. No comprenden el amor de Dios. También creen que las cosas siempre van a ser tal como son ahora.

Observa la vida de Rahab. Era una gran desilusión. De niña, de seguro tuvo el Sueño de Jericó: tener una casa con una cerca blanca de madera, un esposo maravilloso y dos o tres hijos. Una cabra de su propiedad. Cualquiera que haya sido el sueño, las cosas no resultaron así. Se había convertido en prostituta, lo cual en esos tiempos y en esa cultura significaba... bueno, que era una prostituta.

No hay ninguna manera elegante de decir esto. Recibía en su casa a los hombres y les proporcionaba sus servicios mediante un pago. Dinero. Tal vez regateara para que le dieran alimentos, o un animal, o utensilios. Lo que Dios quiso que fuera una expresión de amor entre un esposo y su esposa, y un medio para crear hijos, solo era su trabajo nocturno. Otra labor más dentro de su miserable vida.

Cada día era otro ejercicio inútil, haciendo trabajos en el hogar para su familia, haciendo las comidas, buscando agua, un atardecer que terminaba en otro amanecer, y a comenzarlo todo de nuevo.

Conocía los deseos de los hombres, pero desconocía los deseos de Dios. ¿Acaso había en algún recóndito rincón de su corazón algo que le decía que podía tener más? ¿Había alguna chispa que le daba la esperanza de que ella también podía seguir aquella columna de fuego y de nube que abría los mares y diezmaba las ciudades amuralladas? ¿Había en su vida algún suceso devastador en particular que precedía al momento en el que los hombres de Israel entraron de manera sigilosa a la ciudad y encontraron su hogar en el borde de la muralla?

No conocemos todo el pasado en la vida de Rahab, ni las circunstancias en las que se hallaba cuando llegaron los espías, pero sí sabemos que esta es la clase de cosas que a Dios le encanta hacer. A Dios le encanta entrar en la ciudad sin que le vean y hablar con los que viven en las afueras. Le encanta dárseles a conocer a quienes *saben* que no se merecen su favor. Proverbios 25:2 dice: «Gloria de Dios es ocultar un asunto» (NVI®). Él es un Dios raro, pues escoge a las personas que no escogeríamos nosotros. Anda entre los pecadores. Él le muestra su amor a la gente más improbable en las circunstancias más inverosímiles.

Gente como Rahab.

«Rahab, la prostituta». Se puede oír el desdén haciendo eco a lo largo de los siglos. Está encasillada, marcada como una ramera. Puesta en una categoría y desechada. Llamada con un apelativo para alejar de nosotros su humanidad y su dignidad. La definen por lo que hizo, como una leprosa, como alguien inmundo. O como un muchacho pastor juzgado de que no merece que se tenga en cuenta. O como el hijo de un carpintero.

¿Acaso puede salir algo bueno de Nazaret?

Piensa en las formas en que hacemos esto hoy. La gente nos clasifica por ser cristianos. Si crees que Dios lo creó todo, debes ser un palurdo, un simplón, un retrógrado. No eres una persona ilustrada y no te reciben en el mercado de las ideas donde tu voz se necesita con urgencia.

Lo más triste es que los cristianos también somos culpables. Clasificamos, dividimos y categorizamos, y al hacerlo, excluimos, juzgamos y mantenemos alejadas de nosotros las personas que necesitan la gracia de Dios. Un vecino tiene una pegatina en su auto a favor de un candidato político que no apoyamos, así que lo desechamos. Un niño del vecindario muestra una conducta repugnante o solo no nos saluda cuando pasamos. Alguien fuma. Otro dice malas palabras en el trabajo. Otro tiene un tatuaje que no aprobamos. La lista sigue.

Es endémico a la condición humana que busquemos a los que son como nosotros, los que están de acuerdo con nuestra manera de pensar, escuchan el mismo tipo de música que nosotros o pintan su casa del color con el que pintaríamos la nuestra.

Sin embargo, gracias a Dios que ese no es el camino de Él ni el camino de la gracia.

Julia tiene este mismo problema. No ve su propia dignidad, ni cree que valga para nada después de todo lo que ha sido, cualquiera que sea el motivo que la trae a mi oficina. No mide su humanidad con otra cosa más que con su pasado, que se sigue cerniendo sobre ella como una nube.

Entonces, ¿cuál es el camino de la gracia?

Siglos después de la muerte de Rahab, un hombre se sienta solo junto a un pozo bajo el sol del mediodía. Está cansado y sediento, y todo lo que quiere es refrescarse y descansar mientras sus seguidores se apresuran a conseguir comida.

Una mujer mal considerada en el pueblo se acerca al pozo. No es prostituta, pero daría igual. Debido a que Él es religioso, debido a que es un hombre santo, tiene todo el derecho del mundo a apartarse o, al menos, volverle la espalda para no tener que verla. Tiene el derecho, algunos dirían que la obligación, de no hablarle ni una sola palabra.

Esto es lo que hacemos nosotros. Así tratamos a los que nos rodean, y a esto lo llamamos justa indignación o santidad de vida. O le llamamos piedad, y en nuestra piedad, ponemos al descubierto lo que hay en nuestro propio corazón.

Este no es el camino de la gracia.

El camino de la deshonra define a una persona por lo que ha hecho. El camino de la gracia define a la persona por el que la ama.

El camino de la deshonra solo se fija en el exterior.

El camino de la gracia ve más allá del exterior hasta el corazón.

El hombre se dirige a ella. Le pide algo: un poco de agua. Y al hacerlo, se le acerca con una gracia escandalosa. Un escándalo por lo que hace. Solo con dirigirle la palabra... por eso, la gente religiosa del pueblo se indignaría. ¿Por qué un maestro tan respetado haría algo así?

¿Acaso en parte la respuesta no sería que Jesús veía en esta mujer el reflejo de alguien de su propio árbol genealógico? Le podía decir: Me recuerdas a mi bis-bis-bis-bis... bisabuela. Se llamaba Rahab.

Pero claro, no le dijo esto. No hizo que su encuentro se tratara de Él, sino de ella y su necesidad. Una necesidad que ella debe haber sentido que nunca se podría resolver, y en aquel encuentro casual junto a un pozo, mientras el balde cae en el agua, las estrellas de su vida se alinean para reconocer que este es el hombre que ha estado buscando toda su vida. Este es el amor que ha estado buscando y no ha encontrado en los brazos de nadie en Sicar.

Todos tenemos secretos de familia. Gente que forma parte de nuestro árbol genealógico y que preferiríamos pasar por alto o mantener oculta de la vista de los demás. Bribones y villanos. Personajes nada honorables en la hoja de antecedentes penales de nuestros parientes.

El problema de Rahab no estaba tanto en los secretos, como en las cosas que había metido en su propio armario. Las cosas que había hecho para poder sobrevivir. El desprecio que se había acarreado a sí misma por ser quien era.

Tenía todas las razones para querer huir de Dios. Tenía todas las razones para temer a los espías enviados por los israelitas, y si no a ellos, a los líderes de Jericó. Sin embargo, hubo algo que la atrajo hacia esos hombres, aquel pueblo que atravesó el desierto. Algo la atrajo hacia el Dios que guio de forma milagrosa a un pueblo a través del desierto.

Tal vez viera que necesitaba un milagro en su propia vida. Tal vez fuera esa necesidad la que venciera al temor que sentía ante los demás habitantes de la ciudad. Aunque había llevado una vida de vergüenza y degradación, se abandonó a sí misma para salir en busca de algo. Se sometió a la misericordia de los que escondió. Puso toda su fe y su seguridad en un pueblo que no conocía y en un Dios que no comprendía.

Hasta que la gracia, sin pedirla, alcanzó su vida.

Y esta gracia no solo tendría un profundo efecto sobre su vida, sino sobre los que viviríamos después, los que veíamos a esta mujer como uno de los ejemplos más claros que nos da Dios de lo que necesitamos saber con exactitud.

El autor de Hebreos lo dice de esta manera: «Fue por la fe que Rahab, la prostituta, no fue destruida junto con los habitantes de su ciudad que se negaron a obedecer a Dios. Pues ella había recibido en paz a los espías»[23].

Son muchos los que se preguntan si, en el relato de esta historia sobre la vida de Rahab, Dios no aprueba la mentira. ¿Honró Dios a Rahab por engañar al rey de Jericó? No. Hay muchos ejemplos de cosas que la Biblia describe con veracidad que Dios no aprueba, ni sugiere que las sigamos como modelo. Esta es una de las razones por las que podemos confiar en las Escrituras. Nunca doran la píldora, sino que muestran la verdad tal cual es. Y no disfraza de discursos políticamente correctos las cosas que eran evidentes para la gente de esa época.

«Rahab era una mujer justa con algunos defectos». Eso no es cierto.

«Rahab recibía a mucha gente en su hogar, y así sucedió que hizo amistad con dos espías del pueblo de Israel...».

No. Rahab era prostituta. Punto. No hay razón para que Dios favorezca a alguien de tan baja calidad humana. Alguien de tan mala reputación.

Sin embargo, este es el camino de la gracia.

Y esta es la forma en que Dios quiere obrar en tu vida, si se lo permites. Dios no quiere que te limites a saber cosas *acerca* de Él. Su meta para tu vida no es lograr que te encojas de miedo ante Él, ni ante su pueblo. Su anhelo es atraerte a través de su gracia hacia sí, a fin de sacarte de la situación en la que estés metido y manifestar su amor y su misericordia por medio de tu vida.

«¡Pero es que tú no me entiendes! ¡No sabes lo que yo he hecho! Ni lo que me han hecho a mí».

Sabemos esto: Rahab era prostituta. Vendía su cuerpo. Estaba marginada dentro de la sociedad. Y vivía en las afueras de la ciudad, en una casa edificada sobre los muros de Jericó. Era imposible que se metiera más en los suburbios de la vida. El registro bíblico no nos dice nunca que tuviera un esposo antes que aparecieran los espías. Tal vez su esposo había fallecido y ella se dedicara a una vida de prostitución para mantenerse a sí misma y a su familia. O quizá nunca antes se casara y cayera en la prostitución.

Hay mucho que no sabemos. No obstante, sí sabemos esto. Dios, en su gracia, escogió a Rahab para que formara parte del linaje de Jesús, el Mesías. Dios, en su infinita misericordia, decidió que esta mujer despreciada y rechazada fuera la esposa de Salmón, el tatarabuelo del rey David.

Sin embargo, no pasemos aún a su estado de elogio. Quedémonos aquí, en su vergüenza. Debido al nivel de su corazón, Rahab era una mujer necesitada. Era igual a Julia. Hay algo acerca de su pasado, algo acerca de su vida, en el centro mismo de su ser, que necesita sanidad y ningún éxito, por grande que sea, ni ningún pensamiento positivo, satisfará esa necesidad. No le es posible levantarse mediante un programa en cuatro pasos ni un mensaje sobre el pensamiento positivo.

En el *Macbeth* de Shakespeare hay una escena que ilustra a la perfección el dilema de Rahab. Lady Macbeth ha convencido a su esposo para que mate al rey Duncan, lo cual le permitiría convertirse en reina de Escocia. En una famosa escena de sonambulismo, se frota unas manchas de sangre invisibles en las manos: «Aquí sigue estando el olor de la sangre. Ni todos los perfumes de Arabia dulcificarían esta pequeña mano. ¡Oh, oh, oh!»[24]. Por fuerte que se frote las manos, esas manchas la persiguen y terminan sumiéndola en la locura.

Lo que necesitaba Rahab, y lo que necesita Julia encontrar en mi oficina, y lo que tú y yo necesitamos, es una purificación que llegue hasta el nivel del alma. Necesitamos que la purificadora gracia de Dios nos lave por completo, nos empape y nos frote en los lugares que no podemos alcanzar, los lugares de nuestra alma que, por mucho que lo intentemos, no los podemos limpiar a causa de nuestra vergüenza, de las heridas del pasado, de las decisiones que hemos tomado y de las decisiones que otros han tomado en contra de nosotros.

Y esta es la gloriosa noticia. Este es el increíble e inimaginable ofrecimiento de Dios. Que a los que no somos santos, a los deshonrados, nos pueden convertir en santos. No por nada que ofrezcamos, sino por la bondad y la misericordia de Dios mismo. Entonces, no nos debemos atrever a trata de fabricar esto nosotros mismos. Debemos permitir que Dios obre de la forma que Él quiera obrar, porque ese es el único camino de la verdadera sanidad e integridad. Si eludimos este proceso con nuestros propios esfuerzos, nos perderemos la verdad. Nos perderemos su gracia.

Rahab no se volvió una mujer justa ni la mencionaron en el Salón de la Fe en Hebreos porque comenzara un ministerio dedicado a las prostitutas. Dios no la afirmó ni la usó porque se apartó de sus actos, dirigía estudios sobre la Torá o recogió fondos para el centro local para situaciones críticas en el embarazo.

Rahab *creyó*.

Creyó que Dios existía. Creyó que Él era poderoso y el único Dios verdadero. Creyó que Él estaba obrando en los descendientes de Abraham y tenía un poder ilimitado. Y, en cierto modo, creyó que ese mismo Dios tenía el poder necesario para cambiar la vida de ella, por mucho que los demás pensaran que eso era imposible.

Para recuperar su integridad, Julia debe creer de la misma manera. Debe creer lo que Dios piensa de ella y no las voces que le recuerdan sus pecados del pasado. En medio de sus temores y su incertidumbre, les debe dar la bienvenida a los espías. No es gran cosa. Es abrirle las puertas a la verdad.

La verdad y la gracia. Cuando crees a Dios, les abres la puerta a estas dos espías y ves la verdad acerca de ti mismo y la verdad acerca de Dios, vas a poder discernir los efectos a largo plazo que pueden tener su gracia. La verdad te llevará al arrepentimiento, y su gracia te dará esperanza.

Como consejero, no puedo cambiar el corazón de Julia. Le puedo hacer preguntas y señalarle una buena dirección, pero no puedo lograr que vea la verdad, a menos que abra su vida a la posibilidad de que su pasado no la define hoy. La verdad y la gracia son las que marcan toda la diferencia. Cuando haga esto, Dios podrá tomar su corazón y transformarlo. Puede eliminarle la vergüenza y silenciar las voces del pasado para convertirlas en susurros de su gracia.

La mentira del enemigo es: *No mereces estar aquí. Eres un ser humano miserable. Tu pasado te perseguirá toda la vida. No mereces convertirte en hijo de Dios.*

El susurro de la gracia dice: «Ya no hay condenación para los que pertenecen a Cristo Jesús»[25]. «Tampoco yo te condeno. Ahora vete, y no vuelvas a pecar»[26]. «Una vez liberados del pecado llegaron a ser siervos de la justicia»[27].

Rahab era una mala mujer que encontró a un Dios santo que no la destruyó. Las murallas de su corazón se vinieron abajo. No solo se menciona en una lista de héroes fieles, sino que la escogieron para estar en el linaje del Salvador.

No permitas que la vergüenza de tu pasado y de los fracasos por los que has pasado en la vida te impidan permitir que Dios te transforme. No permitas que el pecado en el que estás sumido te siga esclavizando por más tiempo. Puedes tener más que seguridad y redención para tu vida. Al igual que Rahab, puedes conocer plenamente a Dios y seguirlo. El resultado fue que esta mujer, tan manchada por su pecado, se transformó de manera espectacular. Se casó con un príncipe israelita, Salmón, y se convirtió en la tatarabuela del rey David.

Permite que este Dios cuya gracia es asombrosa, increíble y extraordinaria haga que se derrumben las murallas de tu corazón. Permite que la cuerda de color escarlata del amor de Dios a través de Jesucristo te lave, te purifique y te convierta en una nueva criatura. Cree la verdad acerca de su gracia. Al igual que la familia de Rahab que se quedó en su casa, si estás «en Cristo», tienes la posibilidad de que tu vida produzca unos resultados diferentes.

Esto significa que todo el que pertenece a Cristo se ha convertido en una persona nueva. La vida antigua ha pasado, ¡una nueva vida ha comenzado!

4

Una gracia con trampas

TAMAR

Tamar está embarazada. Oye lo que susurra la gente. Oye las conjeturas acerca del padre. Tamar está embarazada. Esto es un escándalo. Esta es una razón para castigarla... ¡incluso con la muerte!

Sin embargo, debes conocer el trasfondo de Tamar, una mujer gentil que se casó con un hombre de una prestigiosa familia en la que había una larga historia de relación con Dios.

Tamar se casó con Er, el hijo mayor de Judá, quien fue el cuarto hijo de Jacob y Lea. No obstante, Er era un hombre malvado y Dios le quitó la vida. Judá le dijo a su siguiente hijo en línea que «cumpliera su deber» con Tamar, pero Onán no lo hizo, y Dios le quitó la vida también. Esto dejó al último hijo, Sela, para convertirse en esposo de Tamar, pero era demasiado joven en ese tiempo. Judá prometió que sucedería esto y Tamar regresó a la casa de su padre para guardar luto.

En cambio, Judá no cumplió su promesa. Y Tamar se quedó sola y sin hijos. Abandonada.

¡Tamar está embarazada! Su vientre ha crecido con el bebé. ¡Qué deshonra!

Cuando Judá se enteró que su nuera estaba embarazada, se enfureció. No podía creer la forma despreciable y escandalosa en la que ella había vivido. En su justa indignación, la condenó a morir por el fuego.

Tamar le envió a su suegro un mensaje y le confirmó su embarazo. También le reveló que el hombre responsable de ese embarazo era el dueño del sello y el bastón que le enviaba con el mensaje. Le pertenecían a él.

«Judá, tú eres el padre».

Imagínate el asombro en el rostro de Judá. ¿Cómo se podía atrever a acusarlo de algo así? Él nunca había tocado a su nuera. Es más, la única persona que él había...

Y entonces lo recordó todo. La prostituta del templo junto al camino. Ni por el pensamiento le había pasado que pudiera ser Tamar. Esto hizo que Judá cayera de rodillas, no solo por su pecado, sino también por el hecho de que no le había cumplido su promesa a Tamar. Había retenido a su tercer hijo para que no se convirtiera en su esposo.

«Ella es más justa que yo», dijo Judá.

La abandonada, afligida y astuta Tamar dio a luz gemelos[28].

Si alguna vez has visto muebles «desnudos», habrás notado los nudos en la madera y los exteriores ásperos y sin barnizar. El aspecto «natural» de la creación de un carpintero es atrayente porque a muchas personas les gusta llevarse esos muebles a casa para «terminarlos».

La gente de la Biblia se parece mucho a esos muebles «desnudos». Los nudos y las espirales están por todas partes, en cada corazón, pero es evidente que también está la gracia de Dios.

Esta es una de las razones por las que la Biblia se halla por encima de otros libros considerados como sagrados: no encubre las luchas por las que pasan los que tratan de seguir a Dios. No pinta perfectos a los seguidores de Jesús. Al contrario. Y tú y yo nos identificamos con esas personas y sus luchas, y vemos a Dios obrando en ellos como está obrando en nosotros.

Tal es la historia de Tamar. Al igual que la de Rahab, su historia no es bonita, pero se halla entre los antepasados de Jesús. Tamar era gentil, no era judía. Y mujer. Alguien que no se consideraba «digna» en su sociedad. Como Rahab, tenía dos *strikes* en su contra antes de comenzar siquiera su historia.

Pero hay más. El mueble se vuelve más nudoso y feo. Si nunca has leído la Biblia, es posible que lo que sigue te sorprenda.

Tamar se casó en el seno de una familia judía; una famosa y linajuda familia judía. Er, su esposo, era el hijo mayor de Judá. Judá era uno de los hijos de Jacob, conocido también como «Israel», el nieto de Abraham. El abolengo aquí era enorme. El Dios del universo había estado obrando en esta familia y había hecho promesas concretas a largo plazo. Es importante recordar esto. Aunque era gentil, Tamar es una mujer que sabe mucho. Demasiado.

El suegro de Tamar, Judá, tenía muchos hermanos. Uno de esos hermanos era José, y fue a Judá a quien se le ocurrió la idea de venderlo como esclavo en lugar de matarlo. Lo que pensó fue esto: *¿Por qué matarlo, cuando podemos conseguir dinero con este trato?* Astuto. Interesado. Pragmático. Cualquiera que fuera la situación ante sí, la veía a través del lente de: *¿Qué puedo sacar yo de esto?*

Durante el tiempo que José pasó en Egipto, Judá se apartó de la familia y encontró esposa: una cananea. Una gentil. Esta le dio tres hijos: Er, Onán y Sela. La Biblia dice que Judá «arregló» o «tomó esposa» para Er, cuyo nombre era Tamar. Solo nos podemos imaginar cómo fue su vida. No era cuestión de que Er y Tamar se sintieran enamorados y tuvieran un noviazgo, descubrieran sus lenguajes del amor, asistieran a unas sesiones de consejería prematrimonial llenando un perfil de personalidad (lo cual yo les recomendaría a todas las parejas, por supuesto). En esa cultura no era así, sino que «se tomaba» una esposa.

La tendencia de Judá o su estilo personal, si así lo quieres, era hacer arreglos. Nos lo podemos imaginar regateando con el padre de Tamar en cuanto al pago, al arreglo establecido para pedir su mano en matrimonio. Comoquiera que fueran las cosas, Judá consiguió una nuera para entregársela a un hijo que era menos que agradable ante los ojos de Dios.

No se nos habla de los pecados de Er. Solo se nos dice que «era un hombre perverso ante los ojos del SEÑOR»[29]. Con toda la maldad a su alrededor, las malas decisiones que habían tomado Judá y sus hermanos, la perversidad de las culturas que los rodeaban, esto hace que Er pareciera decadente al cuadrado. A decir verdad, Dios no solo estaba enojado con Er. El hombre había traspasado la línea de la paciencia de Dios y había pecado de una manera tan notable, que Dios «le quitó la vida». Dios no le quitó la vida por conseguir un bien mayor, ni por hacer algún noble sacrificio; lo ejecutó debido a su maldad. No permitiría que Er fuera parte del linaje de Jesús.

La pregunta que surge de inmediato es esta: ¿Acaso hay personas que son demasiado malas para que Dios pueda usarlas? ¿Han ido demasiado lejos? ¿Hay en el planeta gente irredimible que Dios quiere liquidar?

No interpretes las acciones de Dios contra Er como ninguna otra cosa, sino como un ejemplo gráfico de lo muy en serio que Él toma el pecado. Es más, Dios no libró a su propio Hijo de una muerte horrible en la cruz, a fin de que pagara el castigo que merecemos tú y yo. Hizo que fuera pecado por nosotros, de manera que nos pudiéramos convertir en su justicia.

Al menos, esta acción de Dios nos indica que tenía un plan distinto al de usar a Er como antepasado de Jesús. Está claro que se profetizó de Jesús que descendería de la tribu de Judá, así que tendría que proceder de este linaje. Puesto que Er murió antes de engendrar un hijo, la oportunidad recaería sobre su hermano Onán o el joven Sela.

Judá fue a Onán, el siguiente hermano en la línea, y le informó que tenía el deber de tomar a Tamar como esposa para tener hijos. Sin embargo, Onán no estaba dispuesto. No se nos dice por qué no quería que continuara la línea de su hermano, pero está claro que se negó. Y hablando de muebles «desnudos», Onán no quiso consumar el matrimonio, sino que derramaba su semen en el suelo. Esto desagradó tanto a Dios que también le quitó la vida.

Dos esposos, dos matados por Dios, y en el proceso, la línea ancestral parece estar colgando de un hilo. Judá vio que sus hijos cayeron como moscas. Entonces le dijo a Tamar que tendría que esperar a que creciera Sela, el hermano pequeño, a fin de comenzar su familia. Ella regresa a la casa de su padre y guarda luto.

El duelo va a hacer cosas extrañas en el corazón humano. Y también lo van a hacer las dificultades y los maltratos. Solo nos podemos imaginar, con la forma tan egoísta en que vivieron Er y Onán, lo que Tamar tuvo que soportar. Su respuesta a la instrucción de Judá fue obedecer. Se pone sus ropas de luto y espera.

Sin embargo, planea en la noche. Llora. La herida se enconaba. Su vida, que habría debido ser maravillosa (con todas las bendiciones que Dios había derramado sobre su pueblo), se había convertido en escombros. Estaba de vuelta donde comenzó, de vuelta bajo el techo de su padre. Sola. En lugar de tener una casa llena de hijos, algo que significaba riquezas y bendiciones en sus tiempos, no tenía hijo. Y estaba separada de la familia con la que se había identificado: la próspera y bendecida familia de Israel.

Lo que sucede después se parece a una mala novela romántica. Tamar trama su venganza. Va a conseguir lo que quiere, lo que merece, y mientras lo consigue, va a hacer que otros paguen por la forma en que la han tratado. Su conspiración para volver a entrar en el linaje de Judá demuestra hasta dónde estaba dispuesta a llegar para devolver mal por mal. Se le había prometido algo y lo conseguiría de cualquier manera.

Sus acciones son lo contrario a lo que es una fe verdadera. Toma el control de la situación. Se vale de artimañas. La gracia y la misericordia de Dios estaban disponibles. Tal vez las muertes de Er y Onán fueran en realidad aspectos de la gracia de Dios, mostrándole a Tamar que Él la cuidaría. A Dios le encanta acercarse a los quebrantados y heridos.

¿Alguna vez has tomado el control de una situación que no estaba funcionando de la manera en la que tú la habías planificado? Eso hizo Abraham. Sara también. Y aquí vemos a Tamar siguiendo sus pasos.

Tamar se sentía molesta por los desaires recibidos de la familia de Judá. Se sentía molesta por la forma en que Dios la había decepcionado, llenando su vida de sufrimiento. El tiempo, más el pecado, más un corazón herido, trajeron como resultado un taimado plan.

Ten presente que lo que quería Tamar era también lo que quería Dios. Él había prometido que el Redentor saldría de ese linaje ancestral. Aun así, el anhelo de Tamar abrumaba y superaba la narración.

Pasaron los años. La Versión Reina-Valera Antigua dice: «Pasaron muchos días...»[30], lo cual significa que pasó mucho tiempo y ella es una mujer olvidada. Sela ya tenía edad para casarse, pero cuando no se menciona que él se convertirá en su esposo, Tamar decide que es el momento de actuar.

Se enteró de la muerte de la esposa de Judá, y que este, después de guardarle el luto debido, se dirigía a Timnat en una cuestión de negocios. Le dijeron: «Mira, tu suegro sube a Timnat para esquilar sus ovejas»[31].

Tamar aprovecha la oportunidad, se quita sus ropas de viuda y se cubre con un velo para disfrazarse. Se dirige al camino principal, por donde sabía que viajaría Judá. Podemos sentir su enojo, mezclado con tristeza y con indignación.

Tiene derecho a sentirse molesta. No obstante, en lugar de enfrentar su situación como es debido, en lugar de enfrentarse al desaire de Judá, toma el asunto en sus propias manos y muestra lo que tiene de veras en su corazón.

Judá, viajando por esas tierras, con la mente ocupada en todo menos en la triste situación de su nuera, ve a una mujer y piensa que es una ramera de un templo pagano. Se aparta del camino, le habla y, tal como hizo por su hijo Er, la «tomó».

—Déjame tener sexo contigo —le dijo, sin darse cuenta de que era su propia nuera.

—¿Cuánto me pagarás por tener sexo contigo? —preguntó Tamar.

¿Disimuló su voz? ¿O sería que ni siquiera necesitaba hacerlo?

—Te enviaré un cabrito de mi rebaño —prometió Judá.

—¿Pero qué me darás como garantía de que enviarás el cabrito? —preguntó ella.

—¿Qué clase de garantía quieres? —respondió él.

Ella contestó:

—Déjame tu sello de identidad junto con su cordón, y el bastón que llevas.

Entonces Judá se los entregó. Después tuvo relaciones sexuales con ella, y Tamar quedó embarazada[32].

Y porque se situó junto al camino por donde sabía que vendría Judá y porque conocía sus inclinaciones, Tamar consiguió por fin lo que se le había prometido. Recibió lo que le pertenecía por derecho: un hijo dentro de la línea ancestral de Judá. Sin embargo, engañó a Judá. Con sus artes, su astucia y su sexualidad, conspiró.

¿Y qué podemos pensar de Judá? El hecho de que le proponía tener relaciones a una mujer que pensaba que era una ramera, nos hace ver el estado de su propio corazón, el estado espiritual de la familia.

Si Dios es santo, en esos momentos habría tenido todo el derecho de liquidar a Judá, a Tamar y a unos cuantos más. ¿Cómo es posible que Dios usara a estas personas? ¿Cómo es posible que usara este relato? ¿Por qué usaría a una familia desastrosa para que estuviera en el linaje ancestral de Jesús?

Porque estas son las personas que demuestran a la perfección lo que es su gracia. Y si tú has hecho en tu vida alguna decisión que todavía tienes colgada encima de ti como el velo que cubría el rostro de Tamar, debes saber esto: Dios te puede perdonar. Su misericordia es muy grande con los que reconocen su pecado y su situación de seres humanos caídos. Si clamas a Él para pedirle misericordia, te la dará. Como le sucedió al paralítico que no tenía fuerzas siquiera para acercarse a Jesús y lo tuvieron que llevar cargado en una camilla, Dios creará en ti un corazón limpio.

La situación de Tamar se volvió bastante desesperada debido a que, tres meses más tarde, alguien le dijo a Judá que estaba embarazada y que era culpable de prostitución. (Judá le había enviado el pago a la «prostituta del templo», pero nadie sabía quién era. No la pudieron encontrar). Al saber la noticia, se puso lívido y ordenó que sacaran a Tamar y la quemaran.

En esta familia no eran muy profundas la compasión y el interés por los demás.

Cuando la estaban sacando, ella le envió un mensaje a Judá, junto con su sello, su cordón y su bastón. «El dueño de estas cosas fue quien me dejó embarazada»[33].

Imagina la mirada en el rostro de Judá. Estaba atrapado en su propia red de pecados sexuales. Hay que reconocerle que no se vengó. No trató de cubrir sus faltas. Se limitó a decir: «Ella es más justa que yo, porque no arreglé que ella se casara con mi hijo Sela»[34].

Por fin, Judá ve la verdad acerca de sí mismo. Nacen hijos gemelos: Fares y Zara. Aun en el vientre, los dos luchaban, al igual que el resto de la familia.

Una mujer gentil sedujo a su suegro de modo que le cumpliera una promesa. Usó la relación sexual para engañarlo. La habían maltratado y olvidado. ¿A quién conoces hoy que caiga dentro de esta categoría?

Proverbios 30 menciona tres cosas que hacen temblar la tierra. Una de ellas es «la mujer odiada cuando se casa»[35]. Esa era Tamar. No podemos estar seguros de lo que sucedió en su vida después que se desarrollaron estos acontecimientos. Solo que no se nos dice nada. Sin embargo, su historia nos habla hoy, a los hombres y a las mujeres por igual. Su vida nos apunta hacia la gracia de Dios, pues solo allí encontraremos el verdadero amor que anhela nuestro corazón.

Esa clase de amor solo la hallamos en la gracia de Dios.

2

SEGUNDA **PARTE**

POSESIÓN DE LA GRACIA DE DIOS

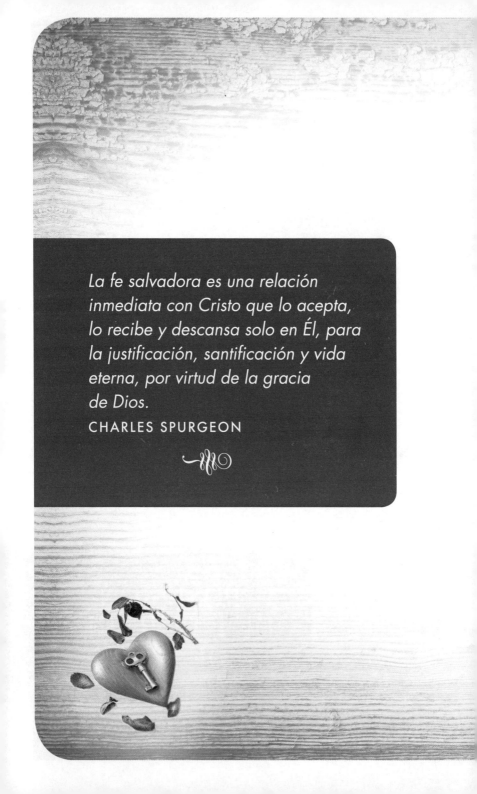

La fe salvadora es una relación inmediata con Cristo que lo acepta, lo recibe y descansa solo en Él, para la justificación, santificación y vida eterna, por virtud de la gracia de Dios.

CHARLES SPURGEON

5

La aplicación de la gracia, o sin esta historia no tendríamos el Salmo 51

DAVID

¿Dónde comenzar? ¿Cómo resumir una vida como la de David?

Tuvo un corazón bien dispuesto. Tuvo un corazón para Dios. Tuvo un corazón disponible. Luchó con un gigante usando sus instrumentos de pastor y no permitió que el miedo lo consumiera.

Tuvo un corazón melodioso, hábil para la música que tranquilizaba al rey Saúl.

Tuvo un corazón de pastor, cuidando sus ovejas hasta que le llamaron a comparecer y lo ungieron como rey de Israel.

Tuvo un corazón respetuoso. Tuvo la oportunidad de quitarle la vida al rey Saúl, pero por respeto a la elección de Dios como líder, no se la quitaría.

Tuvo un corazón amoroso. Su amistad con Jonatán y su dedicación a Mefiboset, el hijo de aquel hombre, demuestran su bondad y su fidelidad.

Sin embargo, David no tuvo un corazón cauteloso, como vemos en lo sucedido con Betsabé. Bajó la vista hacia el hogar de Urías, su guerrero y amigo, y vio algo que alejó su corazón de Dios, lo alejó de su amigo, lo alejó de la verdad, el amor y la fidelidad, y lo impulsó hacia sus propios deseos. Esa mirada no fue lo que le atrapó; fue el afán y el anhelo de un corazón por algo que le estaba prohibido: la esposa de Urías.

Hasta cierto punto, esta historia de David refleja la de Adán y Eva. Comieron lo que se les prohibió. Y en el acto de comer, en su desobediencia, se les abrieron los ojos y las consecuencias fueron desastrosas. La onda expansiva del pecado de David lanzó una larga sombra sobre todos los hijos de Israel.

Aun así, Dios tenía una manera de penetrar en el corazón de David. Y la buena noticia acerca de David es la misma buena noticia para ti y para mí. David tenía un corazón arrepentido. Y esto es algo que le encanta a Dios. Él les responde a los que tienen el corazón arrepentido y quebrantado[36].

Muchas veces, la gracia viene envuelta en el dolor y el fracaso. Se recibe con gozo y esperanza, pero no se aplica hasta que aparece algún profundo pesar. El fracaso es el suelo donde crece la gracia. Tal es el caso del hombre tirado en una silla, desplomado como un niño que ha perdido la esperanza.

—Soy un fracasado —dice.

—¿Por qué dices eso? —le pregunta el consejero.

—Porque es cierto. Todo lo que he hecho, todo lo que he tratado de lograr, terminó. Nunca seré el hombre que quería ser. Y mis hijos, ¿qué van a pensar de mí? ¿Qué legado les dejaré?

David lo tenía todo. Un líder consumado. Guiaba a sus hombres a la batalla; ellos ponían sus vidas en las manos de él; sangraban por él; no solo lo admiraban, sino que lo seguían hasta las fauces de la matanza. Y no lo seguían por temor ni por obligación, sino porque sus corazones estaban entregados a aquel apasionado líder.

Ahora, en cambio, había caído, y no por la espada o la flecha de un enemigo. Y la herida que se infligió era profunda y mortal. No podía ver la manera de salir del hoyo. Había cometido errores; errores terribles. Errores que habían marcado su cara de muchacho, el hombre de buen parecer que parecía destinado a una grandeza perdurable, con el temor, la preocupación y el desespero. Había perdido todas sus capacidades.

Tu propio final es un buen lugar donde estar si quieres experimentar la gracia. A pesar de eso, David necesitaba algo más que el conocimiento: necesitaba «experimentar» esa gracia.

No podía empezar a captar siquiera la pérdida sufrida. Un daño producido por sus propias decisiones. Por su forma de sentarse, su forma de hablar, se deducía con claridad que estaba quebrantado. Sus ojos habían perdido vida, como si se le estuviera escapando poco a poco la sangre y su corazón no bombeara otra cosa más que aire.

—Nunca recuperaré lo que tenía. Lo que he desperdiciado.

—Dime. ¿Quién eres?

Él levantó la mirada. Esta torre de un hombre se reducía a escombros.

—Tú sabes quién soy.

—Conozco tu nombre. Conozco tu pasado y tu reputación. El bien que has hecho, y algo del mal. Aun así, quiero saber quién *crees tú mismo* que eres.

Este hombre musculoso que raras veces ha conocido la derrota se levanta de la silla. No lo hizo caer un ejército enemigo mucho mayor que sus fuerzas. Es la tormenta que ruge en su interior, detrás de un exterior robusto y bien parecido.

Esto lo veo mucho en mi práctica profesional. Lo llamo los efectos de «la ley». Se trata de las normas que realizan su trabajo. Un hombre que está en el punto más elevado de su carrera da un paso fuera del borde del acantilado y cae. Ahora el hombre se puede definir a sí mismo por su caída desde unas alturas tan elevadas. Se puede definir a partir de ese fracaso. Contempla los residuos que le rodean, la forma en que su vida ha salpicado la vida de otros, y cree que ese es su verdadero yo, la suma de todos sus fracasos. Siente que Dios también lo define de esta forma. Dios ve su fracaso como si fuera él mismo. ¿Cómo no lo habría de hacer? Si el Todopoderoso lo ve y lo sabe todo, de seguro que la mancha de este pecado se destaca con claridad ante Él. Y Dios es santo, Él no puede pasar por alto... esto.

Como seres humanos, miramos a una persona y la juzgamos por las cosas que ha hecho y que le han hecho. La pérdida y el sufrimiento, el éxito y las luchas. ¿Cómo no lo habríamos de hacer? Cuando las cosas están tan claras, juzgamos.

Jeremías, el profeta llorón, escribió:

Por más jabón o lejía que te pongas no puedes limpiarte.
Aún puedo ver la mancha de tu culpa.
¡Yo, el Señor Soberano, he hablado!
Jeremías 2:22

Es como el niño sucio por la barra de chocolate que robó. O el ladrón con el tinte que le explotó en sus manos. Dios ve. Punto. Se acabó.

Los hombres y las mujeres que han caminado con Dios a lo largo de los siglos también se han visto de esta manera. Con esta mancha. Similar al perro que echó a perder una alfombra. Como si Dios estuviera moviendo un dedo del pie para señalar el lugar donde la echó a perder. Pidiendo cuentas. Aún hoy, la gente se siente así. No comprende que la gracia de Dios se encuentra al alcance de todo el que la pida.

—Estoy liquidado —continúa.

—¿Lo estás? ¿No has considerado que quizá solo estés comenzando?

Él levanta la mirada.

—No, en serio —le dice el consejero—. ¿Qué tal si este fracaso, esta cosa mala que hiciste, no te impide que hagas eso para lo que te crearon? ¿Qué tal si en realidad te pudiera impulsar a...?

—No me entiendes. Tú no sabes lo que hice.

Levanta su fuerte mano para frotarse el cuello, como si el dolor le llegara al hueso y lo atravesara.

—Así que las promesas de Dios terminan aquí... *Así* de poderoso eres.

Él desvía la mirada, pero se refugia en sí mismo, en la mancha, con la nariz plantada con firmeza en su fracaso.

—El León de Judá saldrá de tu linaje. Un rey que subirá a tu trono. Dios lo prometió y no lo puedes evadir. No puedes impedir que Dios sea fiel a quien es Él: fiel a su palabra empeñada.

Un destello de reconocimiento. Una chispa que se prende en su interior. Un brillo repentino en sus ojos. Y entonces, una historia. Siempre las historias son las que cambian los corazones. Es todo lo que hace falta para vencerlo. Y esta es la historia.

—Había dos hombres —comienza el consejero—. Uno lo tenía todo: rebaños de ovejas y de vacas, y el otro todo lo que tenía era una ovejita a la que amaba con ternura. La había criado junto con sus hijos. Formaba parte de la familia; era como una hija para él. Llegó un viajero a la casa del rico. Este, en lugar de acudir a sus propios rebaños, le quitó la ovejita al hombre pobre y preparó una cena suculenta.

Este es el medio que utilizó Dios para abrirse paso por el pedregoso terreno de aquel corazón. El relato envolvió por completo el alma del hombre más poderoso del reino, causándole indignación, una ira justa y una pasión que se elevó como el incienso.

Entonces, se dio cuenta que la historia no se refería a «otra persona», la historia era acerca de él: su mancha, su pecado... y se sintió destrozado.

Tomó lo que no le pertenecía, lo que no podía poseer legalmente, lo que codiciaba, lo que miraba a la distancia y deseaba. Y cuando experimentó lo bueno que era, cuando lo poseyó, no lo pudo dejar ir... así que asesinó para conservarlo.

En el relato, el rico recibió lo que no era suyo, se apoderó de la ovejita, y después se la brindó al viajero. Y sus actos afectaron a todos.

Este líder, David, le robó la esposa a otro hombre. Un hombre que le juró lealtad, que nunca le negó nada a su líder, le trataron injustamente. David era el rico. Urías era el pobre. La traición fue el adulterio de David, el cual comenzó con lujuria, y esa lujuria dio lugar al cataclismo en la vida de Urías.

El pecado, cuando se acepta, trae consigo la muerte espiritual. Y aunque sea atractivo y parezca que te va a dar lo que quieres, hará que recibas algo que nunca esperabas: por medio de ti se extenderá a otros y los afectará.

—Ay si pudiera decidir de nuevo. Si solo pudiera hacerlo todo de nuevo —dijo con suavidad el rey David.

—No puedes.

El consejero y profeta, Natán, contemplaba al hombre quebrantado que tenía ante sí.

—Yo vencí ejércitos. Derrumbé a un gigante cuando aún era de esta altura. Solo con una honda y una piedra. Evadí la rabia asesina del rey... Tuve muchas victorias. Sin embargo, no puedo vencer lo que está aquí. No puedo derrotar a este enemigo que está dentro de mí. Tengo el alma traspasada, como el cráneo de Goliat. Y el pecado se burla de mí.

—No puedes deshacer esto. Ahora forma parte de tu historia. Aun así, este no es el fin.

—¿Cómo podría dejar de serlo? —parece escupir las palabras.

—Dime lo que le estás diciendo a Dios. ¿Qué tienes en el corazón ahora mismo? —le pregunta Natán.

Las lágrimas corren, su cuerpo se estremece. Entonces, se ahoga en convulsiones de emociones que se han estado agitando en su interior; de su boca brotó una larga y fluida confesión.

—Estoy arrepentido. Estoy muy arrepentido de todo lo que he hecho. A Urías. A ella, a Betsabé. Ponerla en una situación así. A mi nación. A *Él.*

—Habla con Él. Dile lo que tienes dentro.

Su cuerpo se estremece en medio de más lamentos y sollozos. Ora:

Ten misericordia, oh Dios, ten misericordia de mí. No porque te haya agradado ni obedecido, pues no lo he hecho. Ten misericordia de mí porque tu amor nunca falla. Porque tú estás lleno de compasión. Perdóname. Límpiame esta mancha que llevo en el corazón, en la mente, en mi vida. Lávame. Oh Dios, límpiame de toda esta suciedad porque no soy nada más que un hombre despreciable ante ti.

Oh Dios, sé lo mucho que he caído. Mi pecado me persigue cuando me acuesto, cuando me levanto y en cada momento de cada día.

Tienes todo el derecho de juzgarme, condenarme, porque he hecho el mal ante tu presencia.

En mi nacimiento, cuando todavía estaba en el vientre de mi madre, ya estaba manchado por este pecado, y en él sigo ahora. Y lejos de ti, estoy sin esperanza de justicia. Sin esperanza de perdón. Sin esperanza.

Límpiame, lávame. Si no lo haces tú, nunca seré limpio.

Te quiero oír de nuevo, recuperar el gozo, sentir la vida, la salud, la alegría y tu bondad. Aunque me duelen los huesos y siento que mi cuerpo está molido por completo, sé que tú tienes el poder necesario para hacer que me regocije de nuevo.

Aleja tu vista de mi pecado, no lo vuelvas a mirar, no lo veas, no me lo tengas en cuenta. Borra toda mi maldad y crea en mí un corazón puro, un corazón limpio, oh Dios, y renueva en mí un espíritu de fidelidad hacia ti. Quiero que una inquebrantable lealtad a ti vuelva a formar parte de mi vida.

Restaura dentro de mí el gozo que viene de conocer tu perdón, tu salvación, y susténtame con el anhelo de seguirte.

Y permite que mi vida, mi ejemplo, les enseñen a otros que también hayan caído que hay esperanza, que hay un camino de vuelta a ti. Un camino de vuelta a tu amor y a tu misericordia, a fin de que no tenga que vivir con esta culpa por todos mis pecados, por la sangre que he derramado, por el mal que he hecho.

Devuélveme mi voz. Abre mis labios y hablaré de ti. Cantaré acerca de tu bondad y tu misericordia.

Este es el camino de la gracia. Él no lo sabe todavía, pero hasta su misma confesión forma parte del acto de gracia, un drama en tres actos que comienza en el corazón y se abre paso a través de la vida. Es la misma progresión que se produce en un drama de pecado en tres actos, pero tiene el efecto opuesto.

Cuando una persona es tentada, sus deseos la arrastran y seducen. Esos deseos conciben y dan a luz el pecado. Y el pecado da a luz la muerte. Aquí vemos la progresión descendente. Recibimos la seducción, la aceptamos, o poseemos, y termina poseyéndonos a nosotros, produciéndonos la muerte. Este es el camino del enemigo de tu alma. Lo que él quiere es matar, robar y destruir.

En cambio, el que ama tu alma quiere justo lo opuesto. En lugar de la muerte, Dios quiere darte vida, vida abundante, llena hasta desbordarse.

Al recibir la gracia, y poseerla (esto es, vivir por completo bajo su luz), recibes el poder necesario para extenderla a otros. La fe en la obra de Cristo, su sacrificio sin pecado hecho por ti, te permite recibir la gracia de Dios y comenzar a vivir en su poder, permitiéndole llevarte de la muerte a la vida. Esa vida no puede menos que propagarse a otros. Esta es la obra de la gracia. Es imposible contenerla.

David está sentado con la cabeza entre las manos. Ha llorado. Ha vuelto a vivir la seducción, el alejamiento y la pérdida posterior del primer hijo que le nació de Betsabé. La muerte de su amigo Urías por sus propias manos... Al fin y al cabo, él mismo dio la orden de enviarlo a la línea de fuego. Cuando piensa en Betsabé, ve su pecado. Ve su indiscreción. Se ve a sí mismo.

—¿Qué hago? —dice el rey.

—Ya lo has hecho. Acabas de echar a andar el proceso.

—¿Mi arrepentimiento?

—No solo el arrepentimiento. Primero debes creer que Dios te va a oír. Que va a aceptar tu súplica. Algo dentro de ti te ha impulsado hacia Dios, en lugar de alejarte de Él.

—¿Mi fe?

—La fe es parte de esto, pero en el centro mismo de tus acciones se encuentra un mover de Dios mismo dentro de ti. Con el relato, con la revelación del pecado, Dios ha sido increíblemente bondadoso contigo.

—¿Bondadoso?

—No te ha dejado seguir por donde ibas hasta llegar al final... hasta llegar al fondo. Dios te ha llamado de vuelta a sí, te ha llamado a la vida... a una nueva vida. Y tu quebrantamiento te conducirá hasta algo mejor. No puedes estar sano hasta que no te quebrantes de esta manera. No puedes escoger la vida hasta que no veas la ruina que tú mismo has escogido.

—Entonces, ¿qué me dices de ella? ¿Qué me dices del hijo que crece en su vientre?

—¿Crees que Dios puede cumplir sus promesas?

—Dios lo puede hacer todo. No es que no crea en Él; es que estoy inseguro con respecto a mí mismo y al lugar que me corresponde dentro de sus planes.

—Cuando confías en Él, no tienes que creer en ti mismo. Él lo hará todo. Él obrará incluso a través de tu propia incredulidad, a través de estas decisiones que te hicieron correr hacia la destrucción. Y esta gracia que te ha dado Dios, déjala que penetre por cada poro de tu ser.

Él no comprende todavía.

Nosotros tampoco comprendemos todavía.

Sin embargo, eso está bien. Este es el camino de la gracia. Este es su misterio.

«No he venido a llamar a justos sino a pecadores para que se arrepientan»[37].

Nadie está más allá de los límites del amor de Dios. Y si tú fallas después de convertirte en su hijo, Él no ha acabado contigo. Está listo para que te vuelvas a Él. Dios mantuvo a David como rey debido a que este se encontraba con el corazón destrozado por lo que hizo.

Dios está listo para perdonar, listo para tener una relación contigo, listo para adoptarte para siempre en su familia. La restauración te espera. La nueva vida te espera. Recibe su gracia. Clama por misericordias. Son nuevas cada mañana.

6

Buscada por el deseo, sorprendida por la gracia

BETSABÉ

Contempla el esplendor del reino. Espera ansiosa que su hijo se convierta en rey. Ya es una anciana, se acerca la muerte del hombre que ha amado. El hombre cuya decisión lo cambió todo.

Mientras repasa los acontecimientos de su vida, el dolor que ha vadeado como un pantano, las cosas que no le desearía a un enemigo, se escucha un sonido que le trae todo a la memoria. Contiene el aliento mientras alguien derrama agua. Cierra los ojos y las salpicaduras la transportan de nuevo a ese tiempo del año, a esa misma hora en la que se bañaba en su hogar.

El comienzo del caos en la casa de David fue ese baño suyo. Lo sabe. Puede sentir la espiral descendente que va empujando a esta familia, a ese linaje que se remonta a Abraham y más allá. Siente el peso del pecado como las oleadas de angustia que la inundaron después de la pérdida de su hijo primogénito.

Betsabé, hija de un guerrero, esposa de un guerrero, después esposa de un rey. Esposa de un adúltero. De un asesino. ¿Cómo pudo *suceder algo así? ¿Y cómo puede escapar de la verdad que todavía se cierne sobre su cabeza?*

David pecó al llevarla al palacio y tomar su cuerpo. Su belleza descarrió el corazón de él. Sin embargo, ¿puede una mujer ser culpable por demasiada belleza? Y entonces, quedó embarazada, y el rey David trató de cubrir su pecado. Pidió que su esposo regresara del frente de batalla para que durmiera con ella, pero Urías no lo haría. No estaba dispuesto a solazarse en sus brazos mientras peleaban sus hombres. O, tal vez, Urías ya lo supiera.

Cualquiera que fuera el caso, David lo envió al frente y a Urías lo mataron. Y el bebé creció. Y el profeta vino y contó una historia que destrozó el corazón de David. Él lloró y se arrepintió.

A pesar de eso, su remordimiento no salvó al niño. Este hijo de Betsabé nació, pero algo iba mal, su vida se apagaba, y después de una semana, falleció. Así que hubo más lágrimas, más dolor en la vida de ella, y la pregunta persistió. Tuvo otro hijo, Salomón, un joven muy sabio. No obstante, Betsabé siempre tenía en mente la pregunta[38].

¿Está Dios enojado contigo? ¿Te está castigando por algo que hiciste? ¿Alguna vez te has hecho esa pregunta? Si no, es probable que la hagas en el futuro. ¿Puedes seguir adelante con tu vida después que sucediera algo malo? ¿Después que cometieras alguna mala acción? Si alguien hace algo malo en tu contra, ¿sientes como si se te hubiera acabado la vida? ¿Te dejas juzgar siempre desde ese momento por ese acto?

Sé sincero: cuando oyes mencionar a Betsabé, ¿qué piensas? Lo más probable es que tu primer pensamiento no sea: «¡Esa es la madre del rey más sabio de la historia, el rey Salomón, la mujer en el linaje del Mesías!». Tu primer pensamiento acerca de Betsabé es la seducción por David. Su embarazo. El fallecimiento de su esposo. He aquí otro sórdido relato de sexo, lujuria, pasión y asesinato.

David era el padre de Salomón, cuya madre, Betsabé, fue esposa de Urías. En el árbol genealógico de Jesús hay mentirosos, tramposos, adúlteros y asesinos. David, conocido como un hombre conforme al corazón de Dios, cayó en un vulgar pecado. Se aprovechó de su posición y su poder para cometer un detestable acto contra Betsabé y su esposo, un hombre que se mantuvo leal a él. Fue un acto contra Dios mismo. Cometió unos errores desastrosos y de gran repercusión.

Ahora bien, ¿cuál fue la parte de Betsabé en esta historia? ¿Podemos ver la gracia de Dios a través de su vida?

Betsabé es una de las cinco mujeres mencionadas en la genealogía de Jesús en el libro de Mateo, capítulo 1. Era una muy bien conectada joven de una familia de militares. Era nieta de uno de los consejeros militares de David, hija de un guerrero que formaba parte del grupo militar de élite conocido como «Los Treinta». Y se casó con Urías, otro militar de renombre. De manera que su vida estaba llena de hombres que sabían pelear.

Además, era hermosa. David se enamoró de ella de tal manera que su lujuria lo arrastró. ¿Fue Betsabé una víctima? ¿Fue de alguna manera cómplice de David?

La narración bíblica dice que David la vio y la deseó. Utilizó su poder y su influencia sobre ella. Él era una persona de confianza en la vida de Betsabé, así que debe haber obedecido de inmediato cuando la llamó al palacio. Era un honor que la invitara a ir a ese lugar. Con todo, es posible que sintiera miedo. ¿Pensó que tal vez le iban a dar alguna noticia del frente de batalla? Es probable que estuviera ansiosa, pero no debe haberle temido al rey. Respetaba a David. Había escuchado la historia de su triunfo sobre Goliat desde que era niña. Había oído que Samuel lo ungió, que Saúl lo persiguió, y que David no deshonraría al rey ni a Dios. Estaba impresionada ante aquel poderoso guerrero y hombre de Dios. Sin duda, su esposo Urías le debe haber contado historias de las batallas en las que pelearon juntos, del valor de David y de sus seguidores, y de la lealtad y la confianza que se habían desarrollado entre este grupo de hermanos. Por eso, cuando la llamaron ante la presencia del rey, no titubeó.

No se nos dice qué clase de insinuaciones le haría David, ni tampoco que Betsabé se le resistiera. No se nos revela nada de toda la escena, de su conversación, ni de la seducción ilícita. Esas cosas son para las novelas románticas. ¿La forzaría David? ¿Se resistiría ella? ¿Presentaría primero una objeción, solo para quedar bajo el dominio de la fortaleza y la pasión de él, o con sus palabras fue suficiente? Solo se nos dice que David durmió con ella.

Algunos han acusado a Betsabé de ser inmodesta, que estaba siendo indiscreta al completar la ceremonia de lavarse y bañarse. Esto es casi como decir: «Se lo merecía». Tal vez se habría podido lavar en alguna habitación interior, escondida de toda posibilidad de que la viera alguien que estuviera en un techo mirando hacia su casa. Otros suponen que Betsabé fue la seductora, la que a propósito engatusó a David a fin de abrirse paso hacia el palacio.

Cualquiera que sea la verdad, David es responsable. Ninguna mujer se merece que la traten como un objeto. Cuando la vio bañándose, tomó la decisión de pecar y codició lo que no tenía, y en una sola noche destruyó la ley de Dios.

Esto es lo opuesto a la gracia porque seduce, enreda el corazón y aleja de Dios a la persona. El pecado, una vez aceptado, conduce a la muerte espiritual y propaga la tristeza y el sufrimiento entre todos los involucrados. En cambio, la gracia libera del pecado y de este destructor proceso, y cuando se acepta, lleva a la vida y les da vida a otros.

Cuando llegó Betsabé, este hombre que tenía esposas y concubinas (lo que plantea más preguntas) tomó lo que no tenía. Codició lo que no era suyo.

Si David hubiera podido prever las consecuencias de gran alcance que tendría su pecado, ¿habría tomado una decisión diferente? Los resultados de este fallo moral en su vida afectaron al niño engendrado, afectaron a Betsabé, Urías murió y David hizo que sus propios hermanos de guerra participaran en el asesinato. ¿Qué hizo esto a la moral de las tropas? En realidad, David llamó a Urías para que regresara del frente, con la esperanza de que este durmiera con su esposa y así cubrir su pecado, pero Urías se negó a hacerlo. Su lealtad a sus hombres selló su destino. Lee el detallado relato de lo que sucedió después de este acontecimiento y las prolongadas repercusiones familiares del propio David.

Sí, David recibió perdón. Recibió misericordia y gracia. No obstante, las consecuencias de sus malas acciones, no solo el adulterio y el asesinato, sino también el mal uso de su poder y su autoridad para quedarse con algo que no era de su propiedad, fueron mucho más allá para afectar solo a David.

Betsabé perdió a su esposo y le guardó luto. Mientras lidiaba con la pena, el niño crecía en su interior, un constante recuerdo de lo que hicieron. El profeta Natán le había dicho a David: «El Señor te ha perdonado, y no morirás por este pecado. Sin embargo, como has mostrado un total desprecio por el Señor con lo que hiciste, tu hijo morirá»[39]. El arrepentimiento de David trajo consigo el perdón, pero las consecuencias de sus acciones trajeron consigo la muerte.

Si piensas que la inmoralidad solo afecta a la persona que la comete, piénsalo de nuevo. La pornografía tiene efectos negativos y devastadores en el corazón, en las relaciones y en la familia. El adulterio no solo afecta a los dos que participaron en el acto sexual. Hay vidas que quedan destruidas por una pasión de un momento.

Betsabé debe haber sentido, mientras el niño crecía y se movía en su vientre, que por lo menos podría cuidar y amar a aquella criatura. Con todo lo que había perdido, con todo lo que le habían quitado, de seguro que Dios le permitiría esta pequeña consolación. ¿Qué nombre le pondrían? ¿Años más tarde sería capaz de mirarlo sin sentir vergüenza y tristeza?

Dio a luz al niño, lo vio mamar y después lo vio enfermarse. Se nos dice que David le suplicó a Dios, se vistió de cilicio, ayunó y se pasaba todas las noches clamando por la vida del niño. Al séptimo día, se cumplieron las palabras del profeta y el niño murió.

Ponte en la situación de Betsabé, ¿cómo reaccionarías ante esta pérdida? ¿Tu dolor se convertiría en amargura? ¿Atacarías a Dios? ¿Le gritarías y le preguntarías el porqué? ¿Lo acusarías de que causó el mal?

Dios pudo haber causado que el niño naciera muerto. Podría haberlo matado justo después del nacimiento. Sin embargo, Dios permitió que este niño viviera siete días. ¿Por qué? No podemos saber la respuesta, pero donde caigan el juicio y la justicia de Dios, busca su gracia también, pues está allí.

¿Cómo has sentido el juicio de Dios en tu vida? ¿Has visto que los efectos de tus malas decisiones afectan a los seres que amas? ¿Cómo evitas sumirte en la culpa, la vergüenza, la ira y la amargura?

Regresemos a la pregunta inicial de este capítulo. ¿Está Dios enojado contigo? ¿Te está castigando por algo que hiciste? ¿Está derramando su ira sobre alguien que amas debido a tu error?

Uno de los rasgos humanos es cuestionar la bondad de Dios. En el huerto, el enemigo de Dios tentó a Eva con sus perversas palabras: «¿De veras Dios les dijo...?»[40]. Una vez que dudes de la bondad de Dios, una vez que permitas que este pensamiento se filtre en lo recóndito de tu mente, terminarás metido en un charco de aguas estancadas.

La gracia es una decisión. Comenzó como una decisión del corazón de Dios a fin de extender su amor a unos seres humanos extraviados. La gracia nos encuentra en nuestra más profunda necesidad: nuestro fracaso. Entra en nuestra vida como entró en la vida de Betsabé: en su momento más vulnerable. Una gran pérdida. Un gran pecado. ¿Escogería confiar en Dios, creer la verdad acerca de Él y recibir su gracia? ¿O bien lucharía por comprender el «porqué» y se convertiría en ira? Esta prueba tan difícil para Betsabé, tan profunda y complicada como era, la obligó a escoger. Al observar el arrepentimiento de David, ¿creería la verdad acerca de Dios y recibiría su gracia, se rendiría a Él, aun en medio de sus interrogantes?

No importa cuáles sean las circunstancias, no importa cuál sea la evidencia delante de ti, Dios te está preguntando si le vas a creer en lugar de lo que puedes averiguar acerca de tu vida. Él no te promete mejorarlo todo en tu vida, ni darte la comprensión acerca de por qué ha hecho lo que ha hecho. A pesar de eso, sí te ofrece su gracia en medio de la tormenta.

Cuando Pedro, el discípulo de Jesús, salió de la barca y caminó sobre el agua hacia Él, estaba poniendo en práctica una gran fe. En cambio, cuando se levantaron las olas y apartó los ojos de Jesús para mirar a las circunstancias que lo rodeaban, comenzó a hundirse.

La pregunta que le hizo Dios a Betsabé, la pregunta que le hizo Jesús a Pedro, es la misma que hoy te hace a ti: ¿Estás dispuesto a creer? ¿Estás dispuesto a confiarle tu vida a la gracia de Dios?

«Luego David fue a consolar a su esposa y se unió a ella. Betsabé le dio un hijo, al que David llamó Salomón. El Señor amó al niño y mandó a decir por medio del profeta Natán que le pusieran por nombre Jedidías, por disposición del Señor»[41].

Hay una gran diferencia entre las dos historias. Durante su primer encuentro, David sintió lujuria y tomó lo que quería. Aquí, consuela a Betsabé y le hace el amor. El cambio que se produjo en su corazón hizo que actuara de manera distinta con la mujer que convirtió en su esposa. Esta es la gracia de Dios.

Betsabé forma parte del árbol genealógico de Jesús. Es la madre del corazón destrozado a cuyo esposo asesinaron, cuyo bebé murió y cuyo segundo hijo se convertiría en el futuro rey.

Betsabé. David. Salomón. Todos antepasados de Jesús.

Todos evidencias de la gracia de Dios.

7

La respuesta a la mayor de las preguntas

SALOMÓN

Pronuncia el nombre de Salomón y has hablado de sabiduría. El nombre de Salomón es sinónimo de riqueza, poder y esplendor. Construyó el templo de Dios que fue una de las maravillas del mundo antiguo. Su padre fue famoso como guerrero, pero él se hizo famoso por su sabiduría, sus posesiones y las bendiciones de Dios.

Salomón es famoso también por sus excesos. Tuvo muchas esposas y concubinas. Corrió en pos de las mujeres y de los dioses de estas. Idolatría. Este hombre conocía la sabiduría y podía discernir. Para dos mujeres que afirmaban ser la madre de un solo niño, Salomón dictó la sentencia de cortar al niño por la mitad. Las reacciones de las dos mujeres descubrieron la verdad con respecto a sus corazones y revelaron la verdadera madre.

Lo lamentable es que el corazón de Salomón permaneció dividido, y el reino de Israel correría la misma suerte después de su muerte. Los miembros de su propia familia lucharían entre sí por el control del trono después de la muerte de su padre. El caos y los *conflictos llovían sobre ellos, como si Dios estuviera visitando los pecados de otros, junto con sus abundantes bendiciones.*

Sin embargo, al principio de su reinado, una conversación con Dios presenta una perspectiva diferente acerca de este hombre. Aunque Salomón buscaría los excesos, Dios le haría una penetrante pregunta, y él le respondería con un asombroso conocimiento de lo que había en el corazón de Dios[42].

¿Quién eres?

Muchas personas nunca responden esa pregunta. Es demasiado fuerte. En su lugar, responden otra diferente que les es más fácil de cuantificar y sobre la cual hacer girar su vida. Responden:

«¿A qué te dedicas?»

Soy contador. Soy ingeniero. Soy músico. Soy madre a tiempo completo. Vendo autos, o computadoras, o seguros. Soy pastor. Esto es lo que hago todos los días. Esto es lo que soy.

No, eso no es lo que eres. Lo que haces, nunca es lo que eres. Y ya has visto esta verdad reflejada en las vidas de diversos santos del Antiguo Testamento, las vidas de hombres y mujeres que se encuentran en el linaje de Jesús. Nunca se trata de lo que hayas hecho, ni de lo que estés haciendo, del potencial que tienes o del que no tienes. No se trata de quién es pariente tuyo ni de quién no lo es. Por supuesto, el linaje forma parte del plan, pero ante los ojos de Dios no determina el valor de una persona.

La pregunta sobre quién eres es mucho más profunda. Excava un estrato subterráneo diferente del corazón. ¿En qué has puesto tu confianza? ¿Qué le da importancia a tu vida? ¿Qué te proporciona una razón de ser y un significado? ¿Qué te mueve? ¿Por qué haces lo que haces de la manera que lo haces? ¿Quién eres?

Tal vez te hayas pasado años, incluso décadas, definiéndote, viéndote a la luz de las decisiones que has tomado o las rachas de mala suerte que has tenido. Has buscado la comodidad, apoyándote en alguna capacidad tuya, algún lugar que te hayas fabricado en la vida. Todo esto lo has mezclado: quién eres, qué haces, qué has hecho, tus logros y tus fallos, y te has asentado en un estilo de vida, como los sedimentos en el lecho de un río, y te has sentido satisfecho con el lugar donde estás, porque así es que son las cosas y así serán siempre. No te le enfrentas. Solo te acostumbras cada vez más a esos sentimientos. Y, como cada segmento de la vida es vulnerable a esta pregunta, tiene sentido que midas de esta forma tu vida espiritual.

Desde el punto de vista espiritual, ¿quién eres?

Yo soy cristiano. Asisto a la iglesia de la esquina. Di clases de Escuela Dominical durante años. Leo mi Biblia todos los días. Ofrendo para las organizaciones misioneras. Ayudo en la distribución de alimentos a los necesitados una vez al mes. Soy voluntaria en el centro de embarazos. Trato de llevar una buena vida. Estoy intentando pecar menos cada año. Tengo una lista de cosas buenas con la esperanza de que pesen más que las malas. Me he ido acostumbrando a la presencia del pecado en mi vida, pero no le está haciendo daño a nadie.

Esto no es lo que eres como creyente. Es lo que has hecho y estás haciendo en tu vida espiritual. Es tu manera de cuantificar tu relación con Dios, pero no define quién eres.

Dios no anda en busca de lo que le puedas ofrecer. Esto quizá parezca poco espiritual y algo sorprendente porque muchos creen que Dios anhela y necesita lo que nosotros le estamos ofreciendo. Además, en el resto de tu vida, las personas quieren cosas y te juzgan por lo bien que vivas al nivel de sus expectativas. ¿Acaso Dios no hace lo mismo?

La noticia mala de verdad es esta: Dios quiere más de lo que le puedes ofrecer. Quiere la perfección. Y tú no eres perfecto.

Ahora bien, en cuanto a las buenas noticias, esto es una buena noticia en realidad. Dios quiere que «seas» quien Él quería que fueras cuando te creó; que seas todo lo que quería que llegaras a ser. Y al vivir a partir de «quien eres», estás capacitado para hacer todo para lo que te crearon. Dios quiere hacer algo más profundo que un simple cambio superficial en tu vida o permitir que midas tu caminar con Él con un «medidor del pecado» o una «gráfica de logros».

La manera en que obra Dios es a través de su gracia extraordinaria. La perfección que anhela es algo que te da Él. Solo su poder te guiará al hogar, te guiará hasta su corazón, te guiará hasta tu verdadero yo, la persona para la que Él te creó. La gracia te liberará de tener que estar a la altura de algo, aportar algo o lograr algo.

Efesios 2:8-9 señala con claridad que te trajeron a la familia de Dios por su gracia. Él te ha dado este don. Tú no te lo ganaste. No lo podrías comprar con una vida buena. Es algo que tiene un precio por encima del que puedes pagar, fuera de tu posibilidad de pagar. Él lo llevó a cabo. Lo tuyo es creer en lo que Él te dice acerca de ti y de tu pecado, depositar plena fe y confianza en Jesucristo, y permitir que te transforme desde el interior de tu alma hasta tus actos externos, mediante su gracia.

No te crearon para llevar «una vida moral y buena». Dios te creó y Cristo te redimió para que hicieras las buenas obras que Dios mismo preparó con antelación, de modo que las hicieras con el fin de darle la gloria. Él te creó y te redimió con unos propósitos concretos, y tu corazón no tendrá descanso hasta que descubras la libertad que significa seguir esta senda llena de gracia. Es algo que tienes que decidirte a seguir. Tu corazón anhelará cosas menores, de una manera más cuantificable. Te atraerá agradar a Dios al hacer las cosas para Él, al tratar de hacerlo feliz, al igual que las personas en tu vida, porque así es que te sientes feliz.

Asimila esta verdad. Dios estaba pensando en ti antes de que vinieras a Él, incluso antes de que nacieras, y estaba planificando las cosas que ibas a realizar y que Él va a entretejer en el tapiz de tu vida. Esto se debe a que su extraordinaria gracia te ha hecho quien eres. Su extravagante gracia te ha dado las virtudes de su Hijo. Dios no se podría sentir más feliz contigo. Te ve perfecto, revestido con la santidad de Jesús mismo. No planificó las cosas de manera que al hacerlas ganes puntos con Él ni te hagan «mejor» ante sus ojos. Dios tiene para ti unos planes que proceden de la persona que eres en Él; planes que van a hacer que te acerques cada vez más a él.

Así que, te lo pregunto otra vez. ¿Quién eres?

La pregunta va a tu corazón. Este es el centro de la pregunta de Dios a Adán en el huerto. No se estaba limitando a preguntarle: «¿Dónde estás?». Él sabía muy bien dónde estaba Adán. Lo que le preguntaba era: «Adán, ¿y quién eres ahora? ¿Sabes lo que le ha pasado a nuestra relación?». Jesús le hizo una pregunta al ciego Bartimeo: «¿Qué quieres que haga por ti?». En otras palabras, ¿qué tienes en el corazón, cuál es tu anhelo más profundo que te puedo dar para satisfacer la necesidad de tu alma y saciar tu ansioso corazón?

Dios te está haciendo esta misma pregunta de muchas formas cada día. ¿Cuál es tu necesidad más profunda? ¿Qué añoras en realidad?

Dios probó mucho a Salomón al hacerle una penetrante pregunta. Es posible que sepas cosas acerca de este gran rey de Israel. Se decía que era el hombre más sabio que haya vivido jamás. Lee el libro de Proverbios y verás la sabiduría antigua que poseía e impartía. Sus palabras siguen siendo ciertas hoy en cada esfera de la vida. Sin embargo, Salomón tuvo una batalla cuesta arriba a la hora de responder la pregunta que le planteó Dios.

Salomón era el segundo hijo de David y Betsabé. Su hermano mayor murió a los siete días de nacido. La relación entre sus padres comenzó con un adulterio. Esto llevó a David, en efecto, al asesinato del esposo de Betsabé, Urías. Entonces, tomó a Betsabé como esposa y, después de un tiempo de luto, concibieron a Salomón, quien nació en una familia de la realeza, aunque bastante disfuncional.

Salomón pasó por luchas internas en su familia, legado de un padre guerrero, y luchas con las mujeres, porque parecía querer tener tantas esposas como pudiera encontrar. Aunque siguió los buenos consejos de su padre, también ofrecía sacrificios y quemaba incienso en los lugares altos. Edificó su propia casa aun antes de comenzar a construir la casa de Dios. Gran parte de la vida de Salomón se asemeja a un corazón dividido.

A pesar de todo esto, Dios se le apareció a Salomón y le dijo: «Pídeme lo que quieras que yo te conceda» (1 Reyes 3:5, RVC).

Esto no era un cheque en blanco, sino una situación desafiante. Dios no actuaba como un genio que complace deseos, sino que probaba a Salomón para ver lo que tenía realmente en el corazón. Lo que anhelaba en realidad. La pregunta lo puso al descubierto como ninguna otra. Es interesante observar que esta no se le hace a Salomón estando despierto, sino en un sueño cuando Dios mira de manera profunda la vida de este hijo de adúltero, hijo de un hombre según el corazón de Dios, hijo de un padre dividido.

He aquí lo que hallamos en el corazón de Salomón:

Entonces Salomón dijo: «Tu misericordia siempre acompañó a tu siervo, mi padre David, porque se condujo delante de ti con sinceridad, y fue un hombre justo y te entregó su corazón. Tú has sido misericordioso con él porque le has concedido que un hijo ocupe su trono, como hoy podemos verlo. Ahora, Señor y Dios mío, tú me has puesto en el trono que ocupó mi padre David. Reconozco que soy muy joven, y que muchas veces no sé qué hacer. Este siervo tuyo se halla en medio del pueblo que tú escogiste, y que es tan numeroso que es imposible contarlo. Yo te pido que me des un corazón con mucho entendimiento para gobernar a tu pueblo y para discernir entre lo bueno y lo malo. Porque ¿quién es capaz de gobernar a este pueblo tan grande?»[43]

La respuesta de Salomón complació a Dios. En ella, ponía al descubierto su mayor necesidad: su incapacidad. Admitía que no estaba a la altura de la tarea de guiar a los israelitas. Se humillaba a sí mismo, y Dios ama los corazones humildes. Salomón comenzó su respuesta demostrando que comprendía su relación con Dios. En esencia, le decía: «Tú eres Dios, y yo no. Estoy en necesidad, y tú eres el único que puede capacitarme para que logre lo que necesita la nación».

Cuando uno se acerca a Dios con esta actitud, Él nos escuchará y responderá.

Después de reconocer su necesidad, Salomón le presentó a Dios su petición. No actuó con timidez. No se contuvo. *No tienen, porque no piden*[44]. Salomón podía haber pedido muchas cosas, pero hurgó debajo de la superficie hacia lo que más necesitaba. Pidió discernimiento, la capacidad de distinguir entre lo bueno y lo malo.

¿Es eso lo que tú habrías pedido? ¿Cuál es la mayor de las necesidades que tienes ahora mismo en tu vida? ¿Se trata de tu economía? ¿Le habrías pedido dinero a Dios para terminar de pagar tu casa? ¿Tal vez algo que pudieras reservar para tu jubilación? ¿Le habrías suplicado la salvación de un pariente o de un amigo? ¿Quizá la sanidad para ti mismo o para algún ser querido? ¿Le habrías pedido el cónyuge perfecto?

Salomón podía pedir cualquier cosa bajo el sol, pero admitió su deficiencia y pidió ayuda. En el fondo, debajo de todas las luchas y las trampas, debajo de las capas de disfunción familiar, adicciones, esposas y concubinas, el corazón de Salomón anhelaba la verdadera sabiduría. Dios se la dio y mucho más.

Así es la gracia de Dios derramada. Así es Dios cuando responde a una petición de un corazón dispuesto.

Así que [Dios] le respondió:

—Como pediste sabiduría para gobernar a mi pueblo con justicia y no has pedido una larga vida, ni riqueza, ni la muerte de tus enemigos, ¡te concederé lo que me has pedido! Te daré un corazón sabio y comprensivo, como nadie nunca ha tenido ni jamás tendrá. Además, te daré lo que no me pediste: riquezas y fama. Ningún otro rey del mundo se comparará a ti por el resto de tu vida. Y si tú me sigues y obedeces mis decretos y mis mandatos como lo hizo tu padre David, también te daré una larga vida.

Entonces Salomón se despertó y se dio cuenta de que había sido un sueño[45].

Sin embargo, la gracia de Dios era real. Y Él hizo lo que le dijo que haría. Y Él hará lo mismo en tu vida.

Por mucho que te hayas alejado de Él, y por mucho que sea el valor que les hayas dado a las cosas, a la salud o a las riquezas, Dios está dispuesto a recibirte y darte sabiduría para las tareas que tienes por delante. Está dispuesto a extenderte su gracia.

Lo triste es que cuando Salomón se hizo mayor, este hombre sabio que era rey de Israel, terminó casándose con centenares de mujeres paganas y llevándolas a la tierra de Israel. No obedeció a Dios. Su corazón estaba tan dividido como el reino que les entregó a sus descendientes.

Aun así, este es uno de los antepasados de Jesús. Este es el linaje de la gracia de Dios.

¿Quién eres? ¿Qué quieres de Dios?

Ahora mismo, Él te está ofreciendo su gracia. ¿Qué te impide recibirla?

3

TERCERA
PARTE

EXTENSIÓN
DE LA GRACIA
DE DIOS

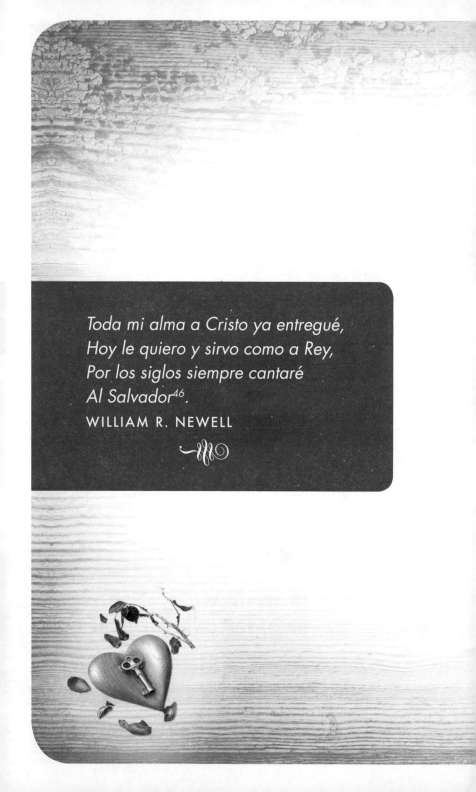

Toda mi alma a Cristo ya entregué,
Hoy le quiero y sirvo como a Rey,
Por los siglos siempre cantaré
Al Salvador[46].
WILLIAM R. NEWELL

8

Casi pierde la gracia en un pesebre

JOSÉ

Es un carpintero en Nazaret. Un hombre de trabajo con manos ásperas y uñas destrozadas en un poco conocido poblado escondido de Israel. Sudando en su banco de carpintero todos los días, viviendo solo con lo justo, a veces escucha los pasos de los soldados romanos. Se entera de las noticias que dan los viajeros que acuden a Jerusalén. El dominio de ese ejército extranjero se cierne sobre la tierra y sobre el pueblo. Piensa con frecuencia en el Prometido, el Mesías. Anhela la llegada de la consolación de Dios, como el resto de Israel, pero su existencia diaria lo trae de vuelta a la labor en cuestión. Hace lo que sigue. Continúa trabajando. Ha estado deseando casarse y tener una familia.

Ha trabajado muy duro para llegar a una posición en la que pueda proveer para una esposa y unos hijos que espera que vengan algún día, si Dios lo bendice. Su familia le escogió una esposa, y él ha sido paciente, tan paciente como lo puede ser un hombre. Ha escuchado muchas cosas buenas acerca de su prometida, la joven llamada María. Y es un hombre justo. Un hombre casto. Ha vivido según las leyes de su pueblo, de su Dios, aunque sabe que no ha sido perfecto. ¿Quién puede ser santo en verdad como Dios?

Entonces, José escucha una noticia que hace añicos su mundo. Deja caer la cabeza y su sudor gotea sobre la madera como si se tratara de lágrimas. ¿Cómo es posible? ¿Cómo podría tratarlo de esa manera? María está embarazada. Había oído que era una maravillosa joven, que sería una maravillosa esposa. Ahora, ese sueño está muerto.

Está enojado, se muestra incrédulo, y después se siente desilusionado con la forma en que la vida se ha vuelto en su contra. Y en ese cambio, en medio del sufrimiento y el daño, piensa en ella. Se imagina la vergüenza y la culpa que debe sentir por su falta de discreción. Piensa en la forma en que habría querido que lo trataran en semejante situación, con una sombra aunque sea de comprensión y misericordia. Así que deja a un lado sus sentimientos, y las voces de quienes le dicen que la deben apedrear. En su lugar, absorberá la angustia. Enfrentará esto en silencio, ahorrándole a ella más angustia y vergüenza. No la ridiculizará, ni apedreará. La tratará con honor y respeto, aunque no lo merezca.

Exhausto y casi tirándose en su cama, José se queda dormido, y entonces, lo visita un ángel. Aquel ser le dice unas palabras sensacionales. Como lo han hecho muchos ángeles a lo largo de los siglos, este le dice que no tema. Le dice que no debe tener temor en tomar a María como esposa, porque...

José despierta. ¿Será cierto? ¿María, todavía es virgen, y el niño que lleva en su seno lo concibió Dios, el Espíritu Santo? Es un niño. Y ese bebé se deberá llamar Yeshúa, o Jesús, porque Él salvará a su pueblo de sus pecados. El Prometido será su hijastro. Dios con nosotros. Emanuel. Dios le está presentando la oportunidad y la responsabilidad de ser el padre del Hijo de Dios.

¿Será cierto? ¿Es posible que esto esté sucediendo? ¿Qué hará José? [47]

¿Cómo sabes que recibiste la gracia de Dios? No te llega un aviso por correo, ni una confirmación por teléfono. Dios no te vuelve de color anaranjado resplandeciente ni te da un halo. Sin embargo, hay una reveladora señal de que recibiste la gracia y que caminas en ella.

Cuando Dios invade, cuando su gracia se abre paso, comienzan cambios sutiles. Ves el mundo de una forma distinta. Vives agradecido por la gracia, sin usar tu libertad como una licencia para pecar. La verdad ilumina tu mundo, y Dios comienza a atraer de manera lenta e inexorable a tu corazón hacia sí. Mientras más te acerques a Dios, más cambios notarás.

Cuando la gracia toma el control, dejas de luchar para ganarte el favor de Dios. Sabes que lo posees. Puedes descansar en su amor. Cuando descansas, te ves de una manera diferente. Ya no vives para complacerte solo a ti mismo. Tu vida mira hacia fuera y pregunta: «¿Qué es lo mejor para esa otra persona?».

Chip Ingram, pastor y escritor, tiene una cita que usa para describir el amor verdadero: «Darle a la otra persona lo que más necesita cuando menos se lo merece, y pagando un gran precio personal»[48].

La extraordinaria gracia de Dios es lo que más necesitábamos. Él nos la dio cuando menos la merecíamos, porque mientras éramos aún pecadores, Cristo murió por nosotros. Nos la dio, pagando un inmenso precio personal. A Cristo le costó su vida el que nosotros pudiéramos recibir este don indescriptible. El que no conocía pecado, se hizo pecado para que pudiéramos ser hechos justos.

La gracia nunca es gratuita. Siempre le cuesta a alguien.

La gracia significa que no confías en tu propio entendimiento, en tus propias capacidades, ni en tu propia bondad. Dios te acepta, te ama y te envuelve, dándote la bienvenida a su familia, no a causa de algo que hayas hecho para ganarte ese derecho, sino por el amor que te tiene. Este concepto significa que Dios recibe la gloria y tú participas al recibir la gracia.

Aun así, la gracia no termina aquí. La gracia no es un medio para llegar a un fin, sino un principio. La gracia se propaga desde un corazón perdonado.

La señal que indica que te ha amanecido la gracia es que vas a comenzar a dársela a otros como Dios te la ha dado de forma gratuita a ti.

Esto nos lleva a la historia de José. Aunque no tenía lazos sanguíneos, Dios lo escogió para que fuera la representación terrenal de un padre para Jesús.

No sabemos mucho acerca de José. Mateo afirma en su Evangelio que era «un hombre justo»[49]. Carpintero de oficio, él y María estaban comprometidos para casarse hasta que le dijeron que María estaba embarazada.

En la cultura judía, el compromiso matrimonial era distinto al de la nuestra. Consistía en la firma de un contrato entre los padres que habían decidido que sus hijos se casarían. Y una vez firmado el contrato, se consideraba obligatorio. Sin embargo, la pareja no se unía sino hasta después de una ceremonia de bodas. Y eso solía pasar meses y algunas veces un año después del compromiso. Entonces, tenían la ceremonia de bodas y después la consumación del matrimonio.

María y José estaban comprometidos. Sus padres habían firmado el contrato. No se podía desistir de ese contrato sin un divorcio, y el propósito de ese período de esponsales era el de un tiempo de prueba para asegurarse de que ambas familias seguían contentas con esto y que la pareja vivía en fidelidad a pesar de que tenían muy poco contacto social.

Cuando José se enteró de que María estaba embarazada, supo que no tenía opción. Ella había roto el contrato. No obstante, su forma de manejar la situación nos muestra algo sobre su carácter. Dice que no quería exponerla a la deshonra pública, así que tenía esto en mente: «Solo iré al abogado. Lo haremos a puertas cerradas y dejaremos que suceda en secreto».

No sé lo que habrías hecho tú, pero si yo hubiera sido José, no creo que hubiera reaccionado de esa manera. Si la mujer me hubiera sido infiel estando comprometidos para casarnos, no creo que me hubiera preocupado que cayera en deshonra. Ella me había deshonrado a mí. Creo que la estaría señalando con el dedo y le tiraría piedras. José, en cambio, no hizo eso. Ni siquiera en su mente hizo tal cosa. Quería ser compasivo.

Esto me dice que José amaba a María. No quería que ella cayera en deshonra, a pesar del hecho de que lo había deshonrado a él. Así es como veía la situación.

Nos podemos imaginar, años más tarde, a Jesús encontrándose con los fariseos y los líderes religiosos, a quienes les encantaba utilizar su lealtad a las reglas para su propia validación. La historia que su madre, María, le contó acerca de José fue muy diferente a la de esos hombres. La mujer sorprendida en adulterio se encogía de miedo ante esos hombres «justos», pero Jesús los despidió con unas pocas palabras, y a ella le extendió la gracia. ¿Había visto esta clase de amor en el corazón de su padre terrenal?

¿El niño Jesús le pidió a su madre que le contara otra vez la historia acerca de su padre y la forma en que decidió «abandonarla en secreto»?[50]. Se le contó debido a que era central en la historia de la familia. Formaba parte del álbum familiar. José no sucumbió a la presión para demostrarle a María lo poderoso que podía ser. Él no hacía así las cosas.

¿Por qué?

José trabajaba con sus manos. Sin duda, tenía los dedos nudosos y las uñas rotas. Su piel estaba curtida y sus músculos probados por años de duro trabajo. Tal vez tuviera el aspecto de un hombre insensible y tosco, pero sus acciones hacia María mostraban un corazón de bondad y amor ante la gran desilusión.

Aunque tenía el derecho a «darle un escarmiento» a María, de apedrearla por alta traición contra su corazón, se opuso a la tradición y escogió un camino distinto, tal vez pagando un gran precio. Es probable que los habitantes de aquel pueblecito lo miraran con los labios fruncidos mientras sacudían la cabeza. ¿Cómo se recuperaría de semejante traición?

En lugar de deshonrarla, absorbería él mismo el sufrimiento. Extendería la gracia.

El texto no nos dice si María le dijo de forma explícita a José lo que le sucedió, ni si él lo supo y la interrogó, ni si alguien de la familia lo descubrió y se lo dijo a José con tristeza, tal vez como si fuera una petición de oración. «Detesto ser yo el que te diga esto, pero acabo de oír...».

Parece plausible pensar que María habría tratado al menos de explicarle la visitación del ángel Gabriel y la sorprendente noticia que le trajo, la noticia más asombrosa de toda su vida: que Dios mismo iba a venir para hacerse un hogar en el vientre de ella. ¿Tuvo temor María a lo que José podría hacer cuando supiera que estaba embarazada? Por supuesto, sabría que ese hijo no era suyo, puesto que nunca habían estado físicamente juntos.

Sin embargo, María no cometió un error. En realidad, se encontraba dedicada a su rutina diaria, la vida cotidiana aburrida y miserable que se llevaba en Nazaret durante el siglo primero. Y entonces, la gracia de Dios descendió sobre ella, sorprendiéndola, asombrándola. Había estado esperando... toda la nación había estado esperando durante centenares de años al Prometido, al Libertador de Israel, al Mesías, el Cristo. Y ahora venía. La noticia era de mucho gozo, pero incomprensible por igual. María daría a luz al Libertador. De ella nacería el Gran

YO SOY. Esta noticia era demasiado grande para comprenderla; entonces, ¿cómo podría esperar que se la comunicaría a su prometido? ¿Qué haría para que la creyera? ¿Para que la creyera a ella?

Algo que aprendemos de esta historia es que no es cosa nuestra que alguien comprenda. La gracia no tiene que ver con convencer a otros para que crean. Esto es algo que solo puede hacer Dios. A nosotros nos corresponde ser fieles con el mensaje de la gracia y con su expresión. Dios se ocupa del resto.

La gracia es difícil de creer. La gracia, cuando te la dan a plenitud, cambiará por completo tu vida. La gracia de Dios, cuando se derrama en tu corazón, lo transforma todo, como lo hizo con María y con José.

La reacción de José es evidencia de que Dios ya estaba obrando en su corazón. Nadie puede dar esta clase de gracia, a menos que la haya recibido primero. Es difícil amar cuando uno nunca ha experimentado lo que es ser amado. Sin embargo, dar la gracia cuando uno no la ha recibido nunca, es como tratar de hablar un idioma extranjero sin conocerlo siquiera. Es tratar de sacar agua de un pozo seco. Imposible.

¿Escogió Dios a José porque había algo bueno en él? ¿Sabía Dios que el carpintero estaría dispuesto a extenderle su bondad y su generosidad a María? Como hemos visto a lo largo de las historias de las personas del linaje de Jesús, cada persona tuvo sus propios pecados y sus propias luchas. Y debido a que José pertenecía al género humano, tenía problemas. No sabemos cuáles eran. Aun así, su primera reacción fue quererse lavar las manos con respecto a este problema. No les haría daño a María y al niño en su vientre, pero tampoco asumiría la responsabilidad. Se alejaría del problema. Seguiría adelante con su vida.

Dios no busca lo que le ofreces a Él. Una y otra vez vemos esto en la vida de los santos. Dios usa nuestra debilidad y nuestra incapacidad. Dios toma manos secas y ojos ciegos y se da la gloria a sí mismo. Toma algo de pan y unos pocos pescados que le entrega un muchacho y los convierte en un banquete. Toma el agua de unas tinajas de piedra y la convierte en el vino más delicioso que se sirve en la boda. Toma a un hombre encadenado en una cueva, el azote del pueblo, y lo convierte en un evangelista de mente clara.

> Hermanos, consideren su propio llamamiento: No muchos de ustedes son sabios, según criterios meramente humanos; ni son muchos los poderosos ni muchos los de noble cuna. Pero Dios escogió lo insensato del mundo para avergonzar a los sabios, y escogió lo débil del mundo para avergonzar a los poderosos. También escogió Dios lo más bajo y despreciado, y lo que no es nada, para anular lo que es, a fin de que en su presencia nadie pueda jactarse. Pero gracias a él ustedes están unidos a Cristo Jesús, a quien Dios ha hecho nuestra sabiduría —es decir, nuestra justificación, santificación y redención— para que, como está escrito: «Si alguien ha de gloriarse, que se gloríe en el Señor». (1 Corintios 1:26-31, NVI®)

Esto es lo que sucedió con José. En sus propias fuerzas y en su propio poder, su propia visión sobre cómo era el mundo, se habría alejado de la misión de ser el padrastro del Príncipe de Paz. ¡Qué trágico error! De pie junto a su esposa, mirando al bebé recién nacido, concebido por obra del Espíritu Santo, José debe haber alzado su mirada hacia el cielo nocturno de Belén para susurrar: «Por poco me pierdo esto». Cuando llegaron los sabios con presentes para el Rey de reyes, cuando los pastores bajaron al pueblo diciendo lo que escucharon de labios de los ángeles, José se debe haber maravillado de lo delgado que era el hilo que lo conectaba a la escena. Casi la abandona.

En cambio, la gracia de Dios lo invadió, para la gloria de Dios Padre. Y el poquito de gracia que José le ofreció a María le abrió las compuertas a la plenitud de la gracia que Dios le quería llevar a su propio corazón.

Esto lo hace siempre.

Dios hace algo maravilloso en esta historia. Confirma el mensaje que le envió a María e incluye a José en el gran diseño de su obra en este mundo.

El nacimiento de Jesús, el Cristo, fue así: Su madre, María, estaba comprometida para casarse con José, pero antes de unirse a él, resultó que estaba encinta por obra del Espíritu Santo. Como José, su esposo, era un hombre justo y no quería exponerla a vergüenza pública, resolvió divorciarse de ella en secreto.

Pero cuando él estaba considerando hacerlo, se le apareció en sueños un ángel del Señor y le dijo: «José, hijo de David, no temas recibir a María por esposa, porque ella ha concebido por obra del Espíritu Santo. Dará a luz un hijo, y le pondrás por nombre Jesús, porque él salvará a su pueblo de sus pecados.»

Todo esto sucedió para que se cumpliera lo que el Señor había dicho por medio del profeta: «La virgen concebirá y dará a luz un hijo, y lo llamarán Emanuel» (que significa «Dios con nosotros»).

> Cuando José se despertó, hizo lo que el ángel del Señor le había mandado y recibió a María por esposa. Pero no tuvo relaciones conyugales con ella hasta que dio a luz un hijo, a quien le puso por nombre Jesús. (Mateo 1:18-25, NVI®)

La gracia no es un sentimiento. La gracia es una acción. No es una emoción. Es una decisión. Una elección. La gracia se parece mucho al amor envuelto en perdón con piel a su alrededor. La gracia absorbe el dolor de las faltas de los demás y los sigue amando.

La gracia no es un concepto indefinido y nebuloso. No la podrás ver, tocar ni poner bajo un microscopio, pero sus efectos son eternos. La gracia lo transforma todo. Y nada que la gracia toque sigue siendo igual que antes.

A fin de poder extender la gracia, debes poseerla. A fin de poseerla, debes recibirla. Y a fin de recibirla, debes ver la abrumadora necesidad que tienes de ella. Sin la gracia, ese favor inmerecido de Dios, no tenemos esperanza. Con la gracia, no hay otra cosa más que esperanza y amor.

La meta de la gracia no es la de hacerte sentir mejor. Su meta es hacerte más semejante a Jesús, más parecido a la gracia personificada. Jesús es la gracia desplegada. Conocer a Jesús es conocer la gracia. Seguir a Jesús es experimentar la gracia. Amar a Jesús es dar la gracia.

9

La gracia hecha carne

JESÚS

Antes de Abraham. Antes de Adán. Antes de la creación del mundo. Él era. Antes del tiempo. Es más, Él creó el tiempo. Y el plan perfecto de Dios, concebido antes de la fundación del mundo, se puso en marcha con una palabra.

Él habló y se creó todo. Habló y hubo luz. Habló y se formaron las aguas y también la tierra seca, y las aves tuvieron alas y los animales caminaron sobre la faz de la tierra.

Con una palabra, dio lugar a la creación, y entonces, en Belén, su grito rompió la noche. El Creador de todo descendió por el canal de parto de una virgen. El que concibió el más ingenioso plan de redención en toda la historia lo concibieron por obra del Espíritu Santo.

Lleno de gracia y de verdad, Él era la Gracia y la Verdad. La Palabra hecha carne. Y el linaje de su familia, todas esas personas con corazones y vidas quebrantados, se sanarían por sus heridas, sus llagas y su sangre.

Jesús, Hijo de Dios, hijo de María, divino por completo, pero humano por completo, hablaría y resucitaría a un muerto. Tocaría *y los ciegos verían. La piel de los leprosos se volvería tersa como la de un bebé. Las piernas defectuosas e inservibles dejarían para siempre de colgar inútiles, restauradas a toda su fortaleza y su potencial.*

Sin embargo, el mayor de los milagros que vino a realizar no lo verían los ojos humanos, pues el cambio que vino a traer se produjo en el interior de los que lo siguieron. La sujeción al pecado, la garra del orgullo, el corazón incapaz de perdonar es nuevo al infundírsele la santidad de Dios. El que no conoció pecado se hizo pecado para que tú y yo pudiéramos recibir su justicia, su vida recta.

Todos los profetas, los patriarcas, los hombres y las mujeres llamados por Dios antes de su nacimiento, esperaban con ansias su venida. Y desde entonces, todos sus seguidores han esperado ansiosos su regreso.

No esperes más. El Redentor vino. El Mesías, el Prometido, Dios mismo, ha habitado en medio de nosotros y habitará contigo. Hoy.

Una gracia sorprendente e increíble[51].

Como se puede ver a través de las vidas que hemos estudiado en todas las Escrituras, la gracia estaba en acción para ellos, en ellos y por medio de ellos. Dios quiere lo mismo para ti. Por su amor, y por el derroche de su misericordia, quiere extenderles a otros su gracia a través de tu vida. Al fin y al cabo, Dios le quiere dar gloria al único ser del universo que la merece: Él mismo. De eso se trata la gracia: la gloria de Dios. La gracia fue el ingenioso plan de Dios para redimir a su creación, para sacar a los seres humanos de la rebelión en la que han estado metidos y para derrotar al enemigo de nuestras almas. Durante toda la eternidad, meditaremos en esta gracia que nos conecta unos con otros y nos deleitaremos en esos relatos.

Esto no fue idea nuestra. La gracia no es algo que tú y yo hayamos podido inventar, porque exige demasiado de su Dador.

Nosotros estamos inclinados a basar nuestra bondad y nuestro valor en las cosas que hemos hecho y no en las que ha hecho Dios. Cuantificamos nuestra bondad, nos comparamos con los demás, hacemos una lista de cosas buenas y nos sentimos bien por ser como somos.

Esto es una gracia *falsa*, una imitación barata que parece real, pero es solo una imitación. La gracia falsa acepta el don de Dios, pero después se sube las mangas y se dedica al pesado trabajo de las obras para complacer a Dios, esforzándose por ganarse un puesto en el club.

La falsa gracia es nuestro estándar porque es algo que hemos construido. Procede de nuestra propia inteligencia espiritual y hace que nuestra vida quepa en una caja impecable. Yo hago cosas buenas, Dios me recompensa y estoy feliz. Yo hago cosas malas, Dios se enoja y estoy triste. Entonces, trataré de hacer cosas buenas para poder ser feliz.

El problema está en que las adversidades llegarán a tu vida, y tendrás que lidiar con cosas malas que harán que sientas siempre la ira de Dios. La forma en que definas la gracia producirá un inmenso impacto en tu manera de vivir y en por qué vives como lo haces. Si vives para agradar a Dios con el fin de lograr que haga cosas a tu favor, en algún punto sentirás que te ha fallado porque Él solo va a ser tan grande y tan santo como *tú* lo puedas hacer.

Dios no existe para hacer que nos sintamos mejor. No nos otorga su gracia para darnos felicidad, propósito, ni razón de ser. El propósito y la razón de ser vienen cuando aceptamos la gracia de Dios y le permitimos que se desarrolle en nuestra vida, y no al revés.

Sabemos de Juan 1 que:

En el principio ya existía la Palabra.
La Palabra estaba con Dios, y Dios mismo era la Palabra.
La Palabra estaba en el principio con Dios.

Por ella fueron hechas todas las cosas.
Sin ella nada fue hecho de lo que ha sido hecho.
En ella estaba la vida, y la vida era la luz de la humanidad [...]
Y la Palabra se hizo carne, y habitó entre nosotros.[52]

La Palabra era Jesús. La comunicación de Dios con nosotros, su revelación de su esencia vino en forma humana, por completo Dios/por completo hombre. No obstante, antes que la Palabra se hiciera carne, en el consejo del Padre, el Hijo y el Espíritu Santo, antes del comienzo de los tiempos, antes que se creara cuanto existe, por difícil que nos sea comprenderlo, la Gracia fue el medio escogido para la redención. En Apocalipsis 13:8 se nos habla de esta decisión. El Cordero fue «muerto desde el principio del mundo» (RVA). El plan perfecto de Dios, el que le traería la gloria mayor, era la gracia. Antes que la tentación entrara siquiera en escena, antes que Adán pecara, Él absorbió en sí mismo el castigo por todos los que creyeran.

Jesús no solo era la Palabra de Dios hecha carne; Él era la Gracia de Dios hecha carne. Y Dios quiso quebrantarlo, herirlo y hacer que derramara su vida en la cruz, no porque Dios fuera sádico y cruel, sino a causa de su amor.

Mientras Dios parecía guardar silencio durante centenares de años después que cesaron las voces de los profetas, la Gracia salió del cielo para entrar a un pesebre. La Gracia se vistió de harapos. La noche del silencio de Dios la traspasó el llanto de un bebé. La voz de Dios, no con la fuerza del trueno, sino vibrando en las cuerdas vocales de un recién nacido.

La Gracia caminaba descalzo hasta el taller de su padre terrenal y observaba al hombre cepillar la madera que un día lo levantaría en alto a Él. La Gracia aprendió un oficio.

La Gracia se quedó en el templo, escuchando a los maestros y hablando con ellos de tal manera que se maravillaban de sus preguntas y su sabiduría. La Gracia creció en estatura y, en el momento preciso, entró al agua y le bautizaron.

La Gracia escogió discípulos, no por lo que le ofrecerían al reino, sino por lo que el reino les ofrecería a ellos. Y por la Gracia los enviaron a un mundo hambriento y herido, y los usaron con el fin de trastornarlo para la gloria de Dios.

La Gracia tomó los panes y los pescados que tenía un muchacho y organizó un banquete para miles. La Gracia habló y el agua de las tinajas se convirtió en vino de la mejor calidad.

Cuando vino la Gracia, trajo consigo vida abundante. Y todos los que la reciben, también reciben por extensión la misión de gracia que se extiende a toda tribu, nación y lengua.

La Gracia sanó al paralítico que estaba tirado sobre su camilla y respondió así las oraciones de los amigos de este que lo descolgaron por el techo. La Gracia atrajo a sí a los niños pequeños en lugar de ordenar que se fueran, porque esta es la forma de actuar de la gracia: creer que el reino es como darle la bienvenida a un niño pequeño.

La Gracia restauró la dignidad de una mujer pecadora, la perdonó y la despidió indicándole que se decidiera a dejar el pecado y les hablara de Él a otros.

La Gracia se les enfrentó a los líderes religiosos que pensaban que eran justos. La Gracia se enfrentó a una hueste de demonios que sembraban el caos en numerosas almas atormentadas. La Gracia calmó la tempestad y les ordenó paz a los vientos y las olas, y estos obedecieron.

La Gracia le habló en la oscuridad a un hombre que quería nacer de nuevo, pero no tenía idea alguna de cómo lograrlo. La Gracia lloró ante la tumba de su amigo y después lo trajo de la muerte a la vida.

Con cada uno de sus pasos, cada una de sus conversaciones, cada una de sus sanidades, la Palabra hecha carne demostraba estar en esta misión de gracia y no dejó que se lo impidiera el enemigo, ni tampoco un amigo que trató en su desconcierto de apartarlo de esa misión.

La Gracia resuelta, decidida a cumplir con las exigencias de la ley, siguió adelante, siguió caminando hacia su inevitable destino, hacia el lugar donde lo llevaba la historia: hacia Jerusalén, hacia la muerte.

La extraordinaria gracia de Dios fue la que llevó a Jesús al huerto. La Gracia, sudando gotas de sangre, rogando, suplicando y abandonándose de nuevo a un sometimiento absoluto.

La Gracia arrestada.

La Gracia encarcelada.

La Gracia azotada y escupida.

La Gracia destrozada, ensangrentada y llena de golpes.

La Gracia con una corona de espinas encajada en la cabeza.

La Gracia golpeada y empujada ante unos jueces impíos.

La Gracia desnudada y condenada.

Las preguntas que traen a colación los escépticos ante este mensaje son siempre las mismas: ¿Por qué Dios permite el sufrimiento? ¿Por qué Dios permite el pecado? Sin embargo, estas no son las preguntas mayores. Las preguntas de los siglos son estas: ¿Por qué Dios permitiría que su Palabra santa y justa sufriera y muriera? ¿Por qué Dios planificaría la horrorosa muerte del Único que no la merecía?

Este es el plan oculto e increíble de Dios: levantar la Gracia para darnos vida. Ese es el precio del pecado, la devastación que trae consigo, el monto que se debe pagar, y la respuesta a nuestra culpa, vergüenza y muerte.

Porque tanto amó Dios al mundo, que dio a su Hijo unigénito, para que todo el que cree en él no se pierda, sino que tenga vida eterna. Dios no envió a su Hijo al mundo para condenar al mundo, sino para salvarlo por medio de él. El que cree en él no es condenado, pero el que no cree ya está condenado por no haber creído en el nombre del Hijo unigénito de Dios[53].

La Gracia cargó la tosca cruz y subió al monte de la Calavera. La Gracia recibió los clavos de los soldados.

A la Gracia la levantaron en alto y aceptó el castigo máximo que no vino de ningún líder, gobierno humano, ni secta religiosa, sino del mismo Dios. En la cruz, Dios derramó su ira, y Jesús bebió esa amarga copa por ti y por mí.

Jesús no conoció imperfección alguna, ni impureza, ni pensamiento, ni acción pecaminosa alguna. Nunca actuó movido por sus propios intereses. Este hombre perfecto, que no tuvo pecado se hizo pecado por nosotros para que nosotros podamos *llegar a ser* justos a los ojos de Dios[54].

Contempla a la Gracia luchando por respirar, levantando su cuerpo para recibir un poco de aire en los pulmones. La Gracia sangrando con una infinidad de heridas. La Gracia clamando a su Padre, sufriendo el juicio. La Gracia rodeada por airadas nubes, con la cabeza colgando, mientras decía: «Tengo sed».

Aun en agonía, a punto de morir, la Gracia se extiende a sí misma:

«Padre, perdónalos, porque no saben lo que hacen», dijo Jesús.

La encarnación de la Gracia (Jesús, el Mesías, el Rey de reyes), se humilla y abandona lo que le pertenece por derecho a fin de morir en una cruz.

La Gracia se hizo nada. La Gracia se convirtió en un esclavo. La Gracia se despojó a sí mismo de todo, menos del amor, y se derramó a sí mismo como una ofrenda.

La gracia de Dios se extendió a Abraham, Tamar, José, Rahab, David, Betsabé y Salomón, y a cada ser humano que haya vivido jamás. Esta gracia de Dios está lista para invadir, perdonar y obrar. Este es el único camino hacia una relación con Dios. Este era su plan para nuestra redención. Escoger cualquier otro camino, o añadirle cualquier otra cosa, sería rechazar el sacrificio perfecto de Dios.

El efecto de esta gracia es que te verás obligado, no para agradar a Dios con una vida santa, sino para permitir que la vida santa de Jesús viva en ti y por medio de ti. No tienes que apoderarte de lo que puedas de la vida, sino que podrás dar a manos llenas y recibir con los brazos abiertos a quienes necesiten la gracia.

Cuando recibes esta gracia, cuando la vives en su realidad, la extiendes desde un corazón reconciliado y perdonado. Y te conviertes en un agente de la gracia, no rechazando a los pecadores, sino dándoles la bienvenida para esta misión reconciliadora que se te ha dado. Eres un embajador de la gracia, obligado por esta extravagante y extraordinaria compasión.

No solo te conviertes en enviado del cielo, sino que también participas en el gran diseño, la historia que comenzó antes que se creara el mundo, la razón por la que se nos extendió esta gracia.

Por eso Dios lo exaltó hasta lo sumo y le otorgó el nombre que está sobre todo nombre, para que ante el nombre de Jesús se doble toda rodilla en el cielo y en la tierra y debajo de la tierra, y toda lengua confiese que Jesucristo es el Señor, para gloria de Dios Padre[55].

Cuando recibes esta gracia, vives a la luz de la misma y se la extiendes a otros, participas en darle la gloria a Dios el Padre.

Si todo esto es cierto, si este extravagante amor se ha derrochado sobre nosotros, ¿por qué a veces los seguidores de Jesús no estamos a la altura? ¿Por qué se caracteriza nuestra vida por las críticas, la ira, la venganza, las injusticias continuas contra los demás y la falta de perdón? ¿Por qué somos tan distintos a Jesús?

Cuando has recibido la gracia, la extiendes a otros. Cuando tus pecados son grandes y se te han perdonado, tú quieres perdonar a los que te han hecho mal. Como Jesús le dijo a Simón cuando la «pecadora» usó sus lágrimas para mojarle los pies y ungirlo con aceite: «Pero a quien poco se le perdona, poco ama»[56].

Nuestro problema, los seguidores de Jesús que parecemos enojados y molestos con los «pecadores», es que nos vemos como gente «a quien poco se le perdona». No vemos nuestro propio camión cargado de faltas. Olvidamos lo desesperados que estamos y lo mucho que necesitamos esta gracia. Nunca nos atreveríamos a decirlo, pero lo que creemos es que estamos un poco sucios aquí y allá; hemos tenido problemas, pero una simple limpieza de perdón y una pizca de sangre serán suficientes. En cambio, esos individuos allí, los que están muy mal, necesitan un baño. Son *de veras* pecaminosos. Son asesinos, adúlteros, idólatras y cosas por el estilo. Nosotros, al igual que los líderes religiosos del tiempo de Jesús, no hemos visto lo necesitados que estamos en realidad.

La verdad nos conduce a la gracia. Cuando nos damos cuenta de nuestra incompetencia y falta de virtud, la gracia nos ayuda a vernos a nosotros mismos y ver a otros bajo una nueva perspectiva. Creemos la verdad acerca del evangelio: que Dios mismo se enfrentó de manera total e irrevocable al pecado en la cruz. Por lo tanto, podemos recibir su perdón. Podemos tener una buena relación con Dios gracias a su sacrificio perfecto. Recibimos su perdón y después se lo extendemos a los demás.

Ahora bien, mientras salimos a un mundo repleto de pecadores, tanto creyentes como no creyentes, es esta tensión entre la verdad y la gracia la que nos inclinará hacia un amor que todo lo acepta, que nunca ve la verdad o una verdad que todo lo condena, que jamás comunica amor. Si estamos desequilibrados en esto, los que nos rodean o bien experimentarán nuestras críticas, o un amor emocional y sentimental que los hace sentirse bien, pero que no tiene efecto alguno.

Piénsalo de esta manera: Cuando el profeta Natán enfrentó a David con el relato de la ovejita sacrificada por el rico terrateniente, se trataba de una verdad envuelta en la gracia. Esa historia tocó todos los mecanismos del corazón de David. Cuando se vio *a sí mismo* en la historia, esto lo estremeció de modo más profundo que si el profeta se hubiera limitado a decirle que era un pecador. Este es el poder que tiene una buena historia. Este es el poderoso amor de Dios mezclado con la verdad de nuestro pecado y envuelto en la gracia.

La gracia es el amor en acción. La gracia de Dios se encarnó en Jesús, ya que vivió una vida sin pecado y murió en tu lugar y el mío. Ahora, Jesús nos llama a morir a nosotros mismos y salir a un mundo que necesita con urgencia esta clase de amor. La extraordinaria gracia de Dios es el amor divino en movimiento hacia ti, de manera que les puedas dar esa clase de amor a los demás.

Esta gracia en nuestra vida es un proceso. Se trata de darnos cuenta de nuevo cada día de lo mucho que la necesitamos y de lo mucho que la necesitan otros también. La gracia no tiene prisas. No se precipita ni se atosiga. Solo descansa en ella. Y mientras descansas, la paz de Dios fluirá a través de tu vida.

Mira la cantidad de tiempo que Dios estuvo dispuesto a invertir en este plan que se preparó desde la eternidad pasada. ¿Estás dispuesto a permitir que la gracia obre en ti de esa misma manera? ¿Estás dispuesto a invertir esta clase de gracia en la vida de los que amas? Si estás forzando a la gente para que cambie, eso no es gracia. La gracia exige que tú absorbas el sufrimiento.

Hace algún tiempo, visité una prisión en Luisiana. Se le conocía como la peor prisión de todo el estado. Los hombres encarcelados allí lo son de por vida. Había más asesinatos y asaltos sexuales dentro de esa prisión que en cualquier otra del estado... hasta que apareció un alcaide cristiano que comenzó a testificar de Jesús. Y uno tras otro, esos hombres comenzaron a convertirse en seguidores de Jesús.

Cuando llegué, la mitad de la población de cinco mil prisioneros ya era creyente. Tenían cuatro iglesias dentro de la alambrada. Capillas edificadas por gente cristiana. Y los pastores de esas cuatro iglesias eran prisioneros. Y la gente que dirigía la música, la gente que cantaba en las iglesias, todos eran prisioneros. Y se habían extendido a esa comunidad para predicar las buenas nuevas de Jesús. Todos los domingos, se llenaban esas capillas.

El seminario de Nueva Orleans da clases allí para los hombres que quieren ser pastores y aprender a trabajar y caminar con Dios. Pensé: «¡Qué gran trofeo de la gracia de Dios!».

Cualquiera pensaría que cuando lo condenan a encarcelamiento de por vida, ese es el final de su camino. Sin embargo, no ha sido así para estos hombres. Cuando conocieron la verdad acerca de ellos mismos y recibieron el perdón, entró la gracia para comenzar a transformarlos. Empezaron a caminar a la luz de esa gracia. ¿Y qué sucedió? Que se la pasaron a otros.

Le entregaron su vida a Cristo y ahora propagan el mensaje de reconciliación en una comunidad de cinco mil personas.

Nunca saldrán de la prisión. Esos hombres están allí de por vida. No obstante, eso está bien porque Dios no nos prometió que haría desaparecer las consecuencias de nuestras acciones; prometió perdonarnos y darnos su irreprochabilidad. Están ganando gente para Cristo. Y cuando llegamos de fuera personas como yo, tenemos el privilegio de salir y decirles a otros que sin importar lo que hayan hecho, sin importar su pasado, no están fuera del alcance del perdón de Dios. Tú no te encuentras fuera de la gracia de Dios. Él tiene un plan y te quiere usar donde quiera que estés.

Se encuentran en la prisión de por vida. Sin embargo, Jesucristo les ha dado vida abundante.

Así es la extraordinaria gracia de Dios.

Has visto la diferencia que marcará la gracia en tu vida. ¿Has recibido esa gracia? Aquí es donde comienza. El significado del nombre *Yeshúa*, el hombre al que llamamos Jesús, es «El Señor salva». La gracia no se recibe por ir a la iglesia ni hacer cosas buenas; tampoco se recibe porque nuestros padres fueran cristianos. Es una decisión que tienes que tomar tú mismo. Dios cumplió con su parte. Pagó tu deuda. Y su gracia te está llamando. Él está listo y dispuesto para perdonarte, y es capaz de hacerlo gracias al sacrificio perfecto de Jesús.

Clama a Él. Confiésale tus pecados. Dile que crees la verdad acerca de ti mismo, que no hay forma de que te puedas ganar su favor. Y entonces, por fe, recibe el regalo de la gracia que te está ofreciendo.

«Ya sé que he quebrantado tu ley, pero te doy gracias porque Cristo pagó mi castigo. Quiero entrar en tu familia. Quiero que me perdones. Quiero vivir mi vida contigo».

Aquí es donde comienza, y si nunca lo has hecho, clama a Dios y Él te responderá.

En segundo lugar, si eres un creyente en Jesús y lo sigues, ¿crees lo que Dios ha dicho acerca de ti? ¿O acaso piensas que tu pasado te excluye de la plenitud de su amor? Tú no habrías podido hacer nada peor que las personas cuyas vidas estudiamos. Eran grandes pecadores, pero debido a su gracia, Él los integró a su familia y les encomendó su amor. ¿Crees esto? Entonces, vive a la luz de esa verdad hoy.

En tercer lugar, un reto para ti. ¿Has permitido que Satanás utilice tu pasado para impedir que sigas a Dios? Esa es una de sus tácticas. Dirá: «Dios no te podría usar nunca. Mira lo que has hecho». Te condena. De él se dice que es el gran acusador. Quiere que vivas dominado por la culpabilidad que sientes con respecto a lo que has hecho. No escuches esa voz. Si le has confesado tu pecado a Dios y te has vuelto a Él, Dios te ha perdonado y no ve tu pecado cuando te mira. Te ve limpio porque has acudido a Él y le has permitido que perdone tu pecado. No dejes que Satanás use esa táctica contigo. Cree lo que dice Dios.

Por último, si has recibido la gracia de Dios, ¿cómo te va en extenderla? ¿Te elogia la gente que forma parte de tu vida por la gracia que das, por el perdón que ofreces? ¿Otros sienten tu amor o tu condenación? ¿Te describirían como enojado y amargado? Si te está costando trabajo extender la gracia, permite que la verdad de la Palabra de Dios te inunde. A través de este libro se te ha recordado lo que recibiste en Cristo, la justicia que solo puede proceder de Él. Y que Él no te ama por lo bueno que hayas sido o vayas a ser. No salgas corriendo ahora mismo para hacer una lista de todas las personas a las que necesitas extenderles la gracia. No trates de improvisar la voluntad de extenderla. En lugar de esto, acepta el amor que te ha mostrado Dios, alábalo por ese perdón y esa misericordia, y dale gracias por su paciencia. Cuando aceptes de verdad esta asombrosa gracia de Dios y permitas que te abarque por completo, los que te rodean sentirán una diferencia en tus actitudes y tu actuación hacia ellos.

UNA ORACIÓN

Oh Dios de Abraham, Isaac y Jacob, Dios de todo consuelo, sabiduría y misericordia, fortaléceme ahora para aceptar la gracia que has derramado en abundancia en mi corazón. Abre de nuevo mis ojos al maravilloso amor que me encomendaste en Cristo. Ayúdame a ver aunque sea por un instante tu santidad, de manera que pueda ver la profundidad de mi pecado y arrepentirme. Al igual que Abraham, ayúdame a escuchar tu llamado y creer. Derrumba los muros de mi corazón, mi orgullo, mi autosuficiencia, y muéstrame cómo satisfaces la mayor de mis necesidades. Líbrame de mis esfuerzos por controlar y paralizar las cosas que me estás enseñando en los sufrimientos de mi vida. Al igual que David, dame un corazón arrepentido y quebrantado que te busque a ti por encima de todo lo demás.

Creo, Señor, que tú tienes el poder para perdonarme y restaurarme, sin importar lo que yo haya hecho en el pasado. ¿Me darías sabiduría para seguir avanzando y seguirte de cerca? ¿Me ayudarías a ver mi pasado de la forma en que lo ves tú? Ayúdame a aprovechar al máximo cada oportunidad, cada relación, cada decisión que tomo. No me quiero perder nada de lo que tiene tu gracia para mí. Ayúdame ahora a recibir el amor que me ofreces, a caminar a la luz de ese amor, ese perdón y esa aceptación, y capacítame para extenderles ese mismo amor a las personas de mi vida que lo necesitan con urgencia. Hazme más semejante a tu Hijo, oh Dios, para mi bien, por el bien de tu reino y para tu gloria.

Te pido esto con un corazón agradecido por tu gracia.

En el nombre de Jesús, amén.

Estudio de
*El asombroso amor
de Dios... en su gracia
extraordinaria*

1

Escucha el llamado
de la gracia: Abram

PREGUNTAS PARA REFLEXIONAR: Si tuvieras la oportunidad de que Dios te hablara ahora de manera audible, como lo hizo con Abraham, ¿qué te gustaría escuchar? ¿Qué pregunta desearías que te respondiera?

Lee Génesis 11:26-12:9.

Con la información que tienes acerca de Abram antes que Dios le hablara, ¿hasta qué punto piensas que debe haber sido difícil obedecer sus instrucciones?

¿Cómo relacionas esto con tu propia vida? ¿Ha habido algún momento en el que sabías lo que Dios quería que hicieras, pero se te hizo difícil seguirle?

¿Cuáles son las promesas concretas que Dios le hizo a Abram en Génesis 12:1-3?

Génesis 12:9 dice que el viaje de Abram hasta el Neguev progresaba por «tramos». ¿Qué significa esto hoy para ti con respecto a tu propio viaje?

Regresa a la pregunta para reflexionar. ¿Has cambiado de punto de vista después de ver la respuesta de Abram y las promesas de Dios? Si es así, ¿cómo?

La vida de Abram es el modelo para el creyente en Jesús de hoy en día. Abram escuchó el llamado de la gracia. Creyó a Dios. Respondió a ese llamado al obedecer, al actuar en consecuencia al mismo. ¿Cómo has escuchado tú el llamado de la gracia y cómo le has respondido?

2

La risa debido a la gracia: Abraham

PREGUNTAS PARA REFLEXIONAR: ¿Alguna vez has experimentado un nuevo comienzo? Describe este momento de tu vida y los interrogantes y sentimientos que atravesaste.

En Génesis 18, vemos que Dios encuentra a Abraham junto a un roble de Mamre. ¿Cuál es el significado de que Dios se reuniera con él junto a un árbol? ¿Qué otros «árboles» vemos en las Escrituras, y por qué crees que este sea un lugar significativo?

En un principio, los egipcios presionaron el botón del temor de Abraham. ¿Cuál es tu botón del temor y cómo se presiona?

¿Qué consuelo puedes obtener de Dios cuando le dice a Abraham: «No tengas miedo»? ¿Crees que Dios quiere hablar a tu necesidad más profunda a través de su gracia?

¿Alguna vez has intentado manipular las circunstancias? ¿Alguna vez has tratado de ayudar a Dios para que se ajuste a tu calendario? ¿Ha frustrado ese esfuerzo la obra de la gracia de Dios en tu vida?

El temor conduce a la adversidad. La gracia conduce a la bendición. El temor provoca dolor y daño. La gracia da paso a la risa.

Lee Juan 8:31-59. Los que hablaban con Jesús trajeron a colación a Abraham. ¿Cómo usó Jesús la vida de Abraham para presentarles la verdad acerca de Él mismo? ¿Qué comparación hizo entre Él y Abraham?

A primera vista, esto parece una acalorada discusión en el mejor de los casos, ¿pero cómo manifestaba Jesús su amor por las personas que no creían en Él? (Pudo haberlas evadido por completo).

Dedica un momento a identificar los temores que tienes y las formas en que los has «controlado». Confiésale a Dios tus temores y entrégale el control de esos aspectos de tu vida.

3

El camino de la deshonra o lecciones de una prostituta: Rahab

PREGUNTAS PARA REFLEXIONAR: ¿Qué «pasado» tienes que hace que te identifiques con Rahab? ¿Hay alguna cosa que has hecho que te hace sentir descalificado para que Dios te ame?

Lee Josué 2.

Ponte en el lugar de alguien dentro de Jericó. ¿Qué te pasaría por la mente y por qué?

Compara y contrasta el temor que tenía Rahab con el temor de Abraham. ¿De qué manera manejaron los dos sus temores?

Rahab llevaba una vida inmoral. ¿Te sorprende que Dios le perdonara la vida? Explica tu respuesta.

¿Hay alguna Rahab en tu vida, alguien que piensas que nunca le respondería a Dios, ni sería un candidato para su gracia? A partir de esta historia, ¿cómo le puedes comunicar el amor de Dios de una manera eficaz a esta persona?

¿Cuál era la necesidad más profunda de Rahab, y cómo Dios satisfizo esa necesidad?

¿Cómo la gracia que recibió Rahab influyó en otros que la rodeaban?

¿Por qué crees que la historia de Rahab se preservó para que la conociéramos hoy?

Las murallas de Jericó cayeron, pero es más milagroso aun que puedan caer las murallas de nuestros corazones, y que podamos permitir que la gracia de Dios nos perdone y purifique. ¿Has experimentado esto? Dedica un tiempo para darle gracias a Dios por su gracia extraordinaria.

4

Una gracia con trampas: Tamar

PREGUNTAS PARA REFLEXIONAR: La venganza es un tema común en el cine y la ficción. ¿Cómo has batallado contra la venganza en tu vida? ¿Te has sentido con ganas de vengarte de alguien recientemente? ¿Acaso hay algunas personas que se hallen demasiado apartadas para que Dios las pueda transformar?

Lee Génesis 38.

Mientras veía que Dios eliminaba a su primer esposo y al segundo, ¿qué piensas que le pasaba por la mente a Tamar?

Ponte en su lugar, en este matrimonio concertado y en esta familia influyente. ¿Cómo te habrías sentido?

Después que murió Onán y Tamar comenzó su luto, ¿qué piensas que sucedía en su corazón?

¿Alguna vez te han prometido algo que nunca te han cumplido? ¿Cómo te ha afectado esto a ti y a la otra persona?

Cuando se descubrió que Tamar estaba embarazada, Judá estuvo listo para juzgarla. Sin embargo, los planes y la astuta actuación de Tamar lo evitaron. ¿Qué aprendemos de lo que admitió Judá en Génesis 38:26?

¿Cuál era el anhelo más profundo en el corazón de Tamar?

¿Cuál es el anhelo más profundo de tu corazón, y cómo piensas que Dios se quiere encontrar allí contigo?

5

La aplicación de la gracia, o sin esta historia no tendríamos el Salmo 51: David

PREGUNTAS PARA REFLEXIONAR: ¿Alguna vez te ha sorprendido la caída de un creyente respetado? ¿Cómo ha afectado esto tu relación con esa persona y tu manera de ver a Dios?

Lee 2 Samuel 11.

Identifica las razones subyacentes a la inmoralidad de David con Betsabé. Describe todo lo que hizo para tratar de ocultarla.

Lee el relato de la visita que le hizo Natán a David. ¿Por qué piensas que Dios le envió al profeta?

Presenta tres razones por las que crees que Dios usó un relato para convencer a David.

¿Alguna vez te han condenado por un pecado mediante el uso de unos medios no convencionales?

Lee el Salmo 51. ¿Cómo puedes afirmar que David no solo era un hombre apenado porque lo descubrieron, sino que era un hombre muy arrepentido?

¿Crees que David sintió en su vida el perdón de Dios? Explica tu respuesta.

La historia de David no termina con sus fallos. Dios no lo descalifica en la vida. Sí, hubo graves consecuencias, pero Dios manifestó su amor y su compasión al perdonarlo. ¿Has experimentado alguna vez esta clase de tristeza y misericordia?

6

Buscada por el deseo, sorprendida por la gracia: Betsabé

PREGUNTAS PARA REFLEXIONAR: ¿Hay algo que hayas hecho o dejado de hacer por lo que sientes que Dios te está castigando? ¿Cuáles son las similitudes que hay entre la historia de Betsabé y los problemas actuales de inmoralidad sexual?

Lee 2 Samuel 12:15-24.

La muerte de un hijo destroza los corazones y puede acabar con una relación. En este relato sobre la pérdida de un bebé, solo vemos el punto de vista de David. ¿Cómo piensas que se sentía Betsabé?

Compara y contrasta la aventura con Betsabé, su primer encuentro, con lo que sucedió en este momento de su relación.

Si «la gracia es una decisión», ¿cómo manifiesta esa verdad la historia de David y Betsabé?

Si le has pedido a Dios que te perdone algo malo que cometiste en el pasado pero todavía sientes que Él está enojado contigo, ¿le has permitido de verdad que te dé su gracia?

Menciona algunas de las formas en las que podrías ser capaz de dar el siguiente paso en tu relación con Dios y recibir su misericordia.

7

La respuesta a la mayor de las preguntas: Salomón

PREGUNTAS PARA REFLEXIONAR: Qué te viene a la mente en seguida cuando lees esta pregunta: Si Dios dijiera: «Pídeme lo que quieras que yo te conceda», ¿qué le responderías?

Lee 1 Reyes 3:5-9.

Analiza por partes la respuesta de Salomón a la pregunta que le hizo Dios. ¿Qué proclamó Salomón, y qué pidió?

¿Cómo le respondió Dios a Salomón en 1 Reyes 3:10-15?

¿Por qué piensas que Dios fue tan generoso con Salomón?

¿Crees que Dios quiere ser generoso contigo, o acaso sus bendiciones solo son para otras personas?

Mirando la totalidad de su vida, Salomón cometió numerosos errores. Al igual que su padre, dejó que su corazón lo llevara por el mal camino. A pesar de esto, Dios le dio su gracia. ¿Qué te dice esto acerca de la gracia que está disponible para tu vida?

¿Cómo ha ido cambiando Dios los deseos de tu corazón con el transcurso del tiempo? Compara la manera en que habrías respondido a la primera pregunta de este estudio en una época anterior de tu vida, con la forma en que la responderías hoy.

8

Casi pierde la gracia en un pesebre: José

PREGUNTAS PARA REFLEXIONAR: ¿Alguna vez has tomado una decisión, grande o pequeña, cuando estuviste a punto de perderte algo bueno de verdad? O bien, ¿has tomado una decisión y escogido un camino que te han alejado de algo bueno?

Lee Mateo 1:18-25.

José había decidido lo que iba a hacer en esta situación. ¿Por qué crees que Dios usó un medio tan extraordinario para que cambiara de manera de pensar?

¿Por qué piensas que las acciones de José con respecto a María repercutieron en Jesús? Más tarde, cuando el muchacho escuchó este relato, ¿hasta qué punto piensas que influyó en él?

¿Cómo le respondió José a Dios? ¿Ves algún paralelo entre la manera en que actuó José y las respuestas de otros personajes que estudiamos?

«La gracia no tiene que ver con convencer a otros para que crean». ¿Estás de acuerdo con esta declaración? ¿Cómo influye esto en tu manera de interactuar con los demás en cuanto a las cosas espirituales?

La señal inequívoca de que la gracia ha invadido tu vida es que se la quieres dar a los demás. ¿Has visto obrar en ti esa clase de gracia?

¿Has tenido alguna vez la oportunidad de vengarte de alguien pero te has dominado? ¿Cómo se siente uno cuando absorbe el dolor que nos causaron en lugar de estallar de ira?

Si Jesús era la gracia desplegada, ¿cómo podría desplegar Dios su gracia por medio de ti?

CAPÍTULO

9

La gracia hecha carne: Jesús

> **PREGUNTAS PARA REFLEXIONAR:** Si alguien que no sea creyente observara tu vida y juzgara a todos los cristianos de acuerdo a la gracia que tú das, ¿qué observaría? Da ejemplos concretos de lo positivo y lo negativo.

En Juan 1 leemos que Jesús es la Palabra hecha carne. Jesús fue la comunicación perfecta de Dios con un mundo necesitado. ¿Qué significa para ti que fuera «la Gracia hecha carne»?

Lee Juan 3:1-21. Mientras lo lees, céntrate en el tema de la gracia de Dios.

¿Cómo este pasaje presenta en detalles la extraordinaria gracia de Dios?

¿Por qué piensas que los cristianos pueden vivir con tan poca gracia para darles a otros?

Recorre la oración final que aparece en la página 118. ¿Cómo ves reflejados en esta oración los personajes que estudiamos?

¿Le añadirías algo a esta oración?

Repite la oración poco a poco, de corazón, enfatizando las partes que más significan para ti hoy.

Notas

1. John Newton, «Gracia Admirable», los dos versos finales de la tercera estrofa, Adolfo Robleto, traductor, *Himnario Bautista*, Casa Bautista de Publicaciones, 1978, # 183.
2. Mateo 1:2-16.
3. Para leer esta parte de la vida de Abram, busca Génesis 11:26-12:9.
4. Génesis 12:1.
5. Génesis 12:2-3.
6. Proverbios 3:5-6.
7. Los relatos sobre Abraham presentados en este capítulo se encuentran en Génesis 12:10-20; capítulos 15–16 y 18:1-15.
8. Génesis 12:7.
9. Génesis 12:11-13, NVI®.
10. Génesis 15:1, NVI®.
11. Génesis 15:2-3, NVI®.
12. Génesis 15:4-5.
13. Génesis 15:6, RVC.
14. Génesis 21:1-6.
15. Juan 1:14, NVI®.
16. Juan 8:31-32, RVC.
17. Juan 8:33, LBLA.
18. Juan 8:34-38, NVI®.
19. Juan 8:56-59.
20. Josué 2:11.

21. Para leer más acerca de Rahab, busca los capítulos 2 y 6 de Josué.
22. Josué 2:12-13.
23. Hebreos 11:31.
24. *Macbeth*, Phillip Weller, editor, Shakespeare Navigators, 5.1.50-52. www.shakespeare-navigators.com/macbeth/T51.html.
25. Romanos 8:1.
26. Juan 8:11, NVI®.
27. Romanos 6:18, RVC.
28. La historia de Tamar aparece en Génesis 38.
29. Génesis 38:7.
30. Génesis 38:12, RVA.
31. Génesis 38:13.
32. Génesis 38:16-18.
33. Génesis 38:25.
34. Génesis 38:26.
35. Proverbios 30:23, LBLA.
36. La historia del pecado y el arrepentimiento de David aparece en 2 Samuel 11:1—12:15 y en el Salmo 51.
37. Lucas 5:32, NVI®.
38. Para leer más acerca de Betsabé, busca 2 Samuel 12:15-25.
39. 2 Samuel 12:13-14.
40. Génesis 3:1.
41. 2 Samuel 12:24-25, NVI®.
42. El relato del momento en que Salomón le pidió sabiduría a Dios aparece en 1 Reyes 3:1-15.
43. 1 Reyes 3:6-9, RVC.
44. Santiago 4:2, NVI®.
45. 1 Reyes 3:11-15.
46. William R. Newell, «Años mi alma en vanidad vivió», cuarta estrofa, George P. Simmonds, traductor, *Himnario Bautista*, Casa Bautista de Publicaciones, 1978, # 176.

47. Para más detalles sobre la vida de José y el nacimiento de Jesús, busca Mateo 1:18-25.

48. Chip Ingram, *Living on the Edge*: Notes & Reflections, «How to Experience Authentic Community», 1.r12online.livingontheedge.org/pdf/r12_session4.pdf.

49. Mateo 1:19b, NVI®.

50. Mateo 1:19c, LBLA.

51. Para leer más acerca del propósito por el que Dios envió a Jesús, lee Juan 1:1-18 y 3:1-21.

52. Juan 1:1-4, 14, RVC.

53. Juan 3:16-18, NVI®.

54. Lee 2 Corintios 5:21, RVC.

55. Filipenses 2:9-11, NVI®.

56. Lucas 7:47, RVC.

Acerca de los Autores

GARY CHAPMAN

Autor, orador, pastor y consejero, tiene una pasión por las personas y por ayudarlas a entablar relaciones duraderas. Con más de cuarenta años de experiencia en consejería y pastoral, puede guiar a otros con amabilidad y discernimiento hacia una mejor comprensión de sí mismos y de Dios. En los libros de Gary se incluye la serie éxito de librería «Los cinco lenguajes del amor». Para más información, visita: **5lovelanguages.com**.

CHRIS FABRY

Puede escucharse cada día en el programa *Chris Fabry Live*, de *Moody Radio*, donde «habla por la cerca» con los radioyentes de todo el país como lo haría con sus vecinos. Es un galardonado escritor de libros cristianos de la *Evangelical Publisher's Association* y lo han nominado para el premio *Christy*. Para más información sobre Chris y su última obra, visita: **chrisfabry.com**.